JN105494

cpa learning

いちばんわかる
日商簿記1級
商業簿記・会計学
の問題集
第II部
CPA
Certified Public Accountant
CPA会計学院 編著

はしがき

本書を手に取る方の多くは、いま日商簿記３級２級の勉強中、もしくは、すでに合格したという方でしょう。

日商簿記１級は日商簿記検定の最高峰に位置づけられる試験です。

簿記２級合格後の新たな目標として、簿記１級は非常におすすめです。

簿記２級においても多くのことを学習しますが、簿記会計分野の領域は非常に広く、簿記２級においてまだ学習できてないことは多々あります。

この点、簿記１級では幅広くそして奥深く学習することになるため、簿記会計に関する大きな強みを身につけることができます。

事実、簿記１級合格者は企業において高く評価されています。しかし、現状簿記１級合格者は多くないため、非常に重宝されます。合格したあかつきには、昇進や転職などキャリアアップに大きく活きることでしょう。

また簿記１級は、国家資格である公認会計士試験や税理士試験の登竜門でもあり、最終的に公認会計士を目指すという方にもおすすめです。

しかし、その分難しい試験であるという点も事実です。

そこで本書においては、難しい内容でもしっかりと身につけられ、かつ、効率的に学習できるよう以下のような特徴を持たせました。

・図や表を積極的に用いることで、理解・定着ができる。

・各論点に例題を設けることで、解く力を養うことができる。

・学習上の重要性を付すことで、効率的に学習できる。

上記に加えて最大の強みは、CPAラーニングと連動している点です。

CPAラーニングでは本書を用いた講義を実施しています。

講義動画は、CPA会計学院の公認会計士講座の講師が担当しており、本書の内容を、かみ砕いてわかりやすく解説しています。正しく理解し、効率的に学習を進めるためにも、講義を受講することをおすすめいたします。

簿記1級はその内用面、試験範囲の広さから、完全独学が難しい試験となっています。本書と合わせて、ぜひCPAラーニングをご活用して頂き、簿記１級の合格を勝ち取って下さい。

本書は、会計資格の最高峰である公認会計士試験で高い合格実績を誇るCPA会計学院が自信を持ってお贈りする一冊です。本書で学習された皆様が、日商簿記検定１級に合格されることを心より願っております。

2023年５月吉日

CPA会計学院　講師一同

■CPAラーニングを活用しよう！

いつでも、どこでも、何度でも
Web受講で理解が深まる!

CPAラーニングの特徴

✓ プロ講師による「理解できるWEB講義」

簿記1級を熟知した講師が試験に出やすいポイントやつまづきやすい問題などを丁寧に解説しているので、忙しい社会人の方や就活生でも効率的に最短合格を目指せます。また、WEB講義形式のため、いつでも、どこでも、何度でもご視聴いただけます。

✓ 模擬試験が受け放題

本番さながらの実力をチェックできる模擬試験を何度でも受験することができます。もちろん、分かりやすい解説付きなので苦手な論点を得意に繋げることができます。

✓ 運営元は大手公認会計士スクール「CPA会計学院！」

CPAラーニングは公認会計士講座を50年以上運営してきた実績あるCPA会計学院が講義を提供しています。講義は公認会計士講座の講師が担当しているので、本質が理解できるわかりやすい講義を展開します。

✓ 実務で役立つ講義も受けられる

日商簿記1級講座の受講生は経理、会計、税務、財務などスキルアップできる実務講座を学ぶことができます。基礎的な講座から応用力を鍛える講座まであるため、学習者はレベルにあった講座を選ぶことができます。資格+実務講義でキャリアアップへ導きます。

✓ 簿記3級2級もすべて無料開放

簿記1級にチャレンジする前に簿記3級2級の復習がすべて無料でできます。WEB講義から教科書・問題集（PDF）のダウンロードまで必要なものをご用意しています。

ご利用はこちらから

cpa-learning.com

■合格への道

1．学習を始める前に知っておくべき1級の特徴

特徴１　試験科目は４つあるが、実質２科目！

簿記１級の試験科目は「商業簿記」、「会計学」、「工業簿記」、「原価計算」の４つに分けられています。しかし、実際は「商業簿記と会計学」、「工業簿記と原価計算」がそれぞれセットであり、実質２科目です。簿記２級で言えば前者が商業簿記、後者が工業簿記です。簿記１級は、簿記２級の商業簿記と工業簿記の延長線上にあると言えます。

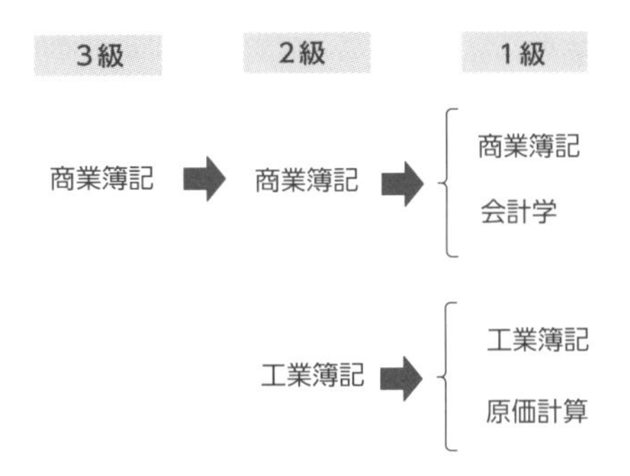

特徴２　試験範囲が広いが、得点調整がなされる！

簿記１級は試験範囲が非常に広く、時にはテキストに記載されてないような論点が出題されることもあります。しかし、簿記１級は得点調整（傾斜配点）がなされると言われます。具体的には、試験が難しく受験生の多くが点数を取れなかった場合、正答率が低い問題の配点は小さくなり、正答率が高い問題の配点が大きくなるよう調整されます。このため、難しい問題をいかに正答するかよりも、正答すべき基本的な問題をいかに失点しないかが大事な試験と言えます。

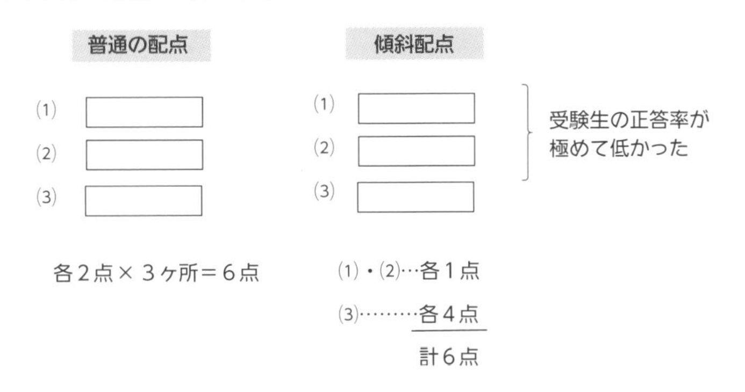

特徴３　理論問題も出題されるが、計算問題を最優先で！

簿記１級では計算問題（金額を解答する問題）だけでなく、理論問題（文章の正誤を判定する問題や語句補充問題）も出題されます。理論の出題範囲は幅広く、完璧な対応は不可能に近いです。しかし、配点は計算問題の方が多く、また、計算問題が解ければ正答できるレベルの理論問題も多いです。そのため、計算問題をしっかり解けるようにすることを最大限意識して学習するようにしましょう。

2．短期で確実に合格するために！

①　CPAラーニングの動画を見る！

簿記１級は内容的にも分量的にも、独学で合格を目指すのは非常に大変です。合格への最短ルートは、講義動画を見ることです。CPAラーニングでは、CPA会計学院の人気講師が本テキストを使用してわかりやすく講義しています。講義は、「商業簿記・会計学」と「工業簿記・原価計算」の２つありますが、並行して学習することをおすすめします。

②　重要度を意識する！

本書は「論点の説明→例題で確認」という構成にしていますが、全ての例題に重要度を明示しています。簿記１級は試験範囲が広く、網羅的に学習することは非常に大変です。また、得点調整が行われる可能性も考慮すると、難しい論点に勉強時間を充てるのは非効率な勉強とも言えます。効率的に学習するために、重要度を活用して下さい。

重要度A	どんな方も解けるようにすべき論点
重要度B	基本的に解けるようにすべきだが、余裕がない方はやらなくてよい論点
重要度C	余裕がある方のみ解けるようにすべき論点

※１つの問題に複数の重要度の論点が含まれている場合、基本的に、高い方の重要度を表示しています。

基本的には重要度Ｂまでをしっかりと復習して、正答できる力を身につけるのがおすすめです。

もし、時間がない方は重要度Ａまでをしっかりとやって、簡単な論点のみ重要度Ｂまで手を出すようにして下さい。

③　計算問題をスラスラ解けるようにする！

上述の通り、簿記１級では理論問題も出題されますが、合格への最短ルートは計算問題をできるようにすることです。計算問題は１回復習しただけではスラスラ解けるようにはなりません。講義後、最低でも３回は例題を解くようにしましょう。

	タイミング	ここに注意！
1回目	講義後すぐに	講義を聞いただけでは解けないので、最初は解答解説を見ながらやりましょう。その後に、解答解説を見ずに自力で解いてみるようにして下さい。
2回目	1回目の復習の3日後	3日しか経ってなくても結構忘れてるので、解けなくなってるかもしれません。でも、それで大丈夫です。知識は、「忘れかけた頃に思い出す」ことで身についていくものだからです。
3回目	2回目の復習の1週間後	3回目なので論点によってはスラスラ解けるかもしれません。ただ、やっぱりすっかり忘れて解けないことも多いです。でも、それで大丈夫です。知識は、「忘れかけた頃に思い出す」ことで身についていくものだからです。

また、３回目以降も継続して復習するようにして下さい。１ヶ月～1.5ヶ月おきに復習するのがおすすめです。３回目の復習で完璧に解けるようになったとしても、時間の経過によりだんだんと忘れてしまうので解けなくなってるかもしれません。でも、それで大丈夫です。知識は、「忘れかけた頃に思い出す」ことで身についていくものだからです。

④　基礎固めを大事にする！

簿記１級では応用的な問題も出題されます。応用的な問題は無限にパターンがあるので、全てのパターンを事前に演習することは不可能です。では､応用問題への対応力はどのように身につけるのでしょうか？

それは、基礎を徹底的に固めることです。基礎固めこそが応用力獲得の一番の近道です。そして、そのために例題を何回も反復するようにして下さい。

何回も反復すると解答数字を覚えてしまうかもしれません。しかし例題で大事なのは、解答数字を算定することよりも、「自分が何を分かっていて、何が分かってないのか」を明確にすることです。例題が解けなかったり、解けたけど解き方でちょっと迷ったり、問題文の意味が読み取れなかったり、ちょっとした勘違いをしたり、などなどスラスラ解けないことがあるはずです。

ちょっとでもスラスラ解けなかったら、そこは理解不足・定着不足という認識を持つようにして下さい。基礎をしっかりと固め、理解不足や定着不足をゼロに近づけることで合格に近づいていきます。

理解するためのコツ～自分に問いかけてみよう～

・なぜそうするのかを説明できる？
・似た論点の違いがわかってる？
・問題文の指示の意味がわかってる？（問題文読まずに、単にその例題の解き方を覚えちゃってない？）
・計算式の意味がわかっている？（単に計算式を公式のように覚え、そこに数値を当てはめるだけになってない？）

⑤　講義を受講し終えたらあとは総復習！

講義が全部終わってからは総復習の段階に入ります。全範囲を学習してみると、簿記１級の試験範囲の広さが実感でき、多くのことを学習してきたことがわかるでしょう。それは「全範囲を勉強したぞ」という自信にもつながりますが、一方で、試験範囲の広さを目の当たりにして自信をなくすかもしれません。

しかし、講義が全部終わったのなら合格まであと一歩です。合格できるかどうかは、講義を受講し終えてからの総復習にかかっています。まだ完全に身についてない論点を再度復習し、穴を一つひとつ埋めていきましょう。また、完全に身についた論点についても、忘れてしまっていないかという点を確認するようにして下さい。

これを繰り返すことで、基礎が固まり、合格するための力を身につけることができます。簿記１級は合格率の低い試験ではありますが、難しい問題を解けるようにしないと受からない試験ではありません。

講義が終われば合格まであと少しです。合格に向けて総復習、頑張って下さい。

■日商簿記検定１級について

試験概要

受験資格	なし
試験形式	年2回のペーパー試験
申込期日	受験日の約2か月前から約1か月間 （受験希望地の商工会議所によって、申込期日や申し込み方法は異なる）
受験日	6月中旬（第2日曜日）、11月下旬（第3日曜日）
受験料	税込7,850円
試験科目	商業簿記・会計学・工業簿記・原価計算
試験時間	商業簿記・会計学（90分） 工業簿記・原価計算（90分） 合計180分（途中休憩あり）
合格基準	70%以上 ただし、1科目ごとの得点は40%以上
合格発表日	受験後、約1か月後に発表（商工会議所により異なる）
筆記用具について	試験では、HBまたはBの黒鉛筆、シャープペン、消しゴムが使用可 （ラインマーカー、色鉛筆、定規等は使用不可）
計算器具について	電卓の持ち込み可（ただし、計算機能（四則演算）のみのものに限り、例えば、次の機能があるものは持ち込み不可。印刷（出力）機能、メロディー（音の出る）機能、プログラム機能（例）：関数電卓等の多機能な電卓、辞書機能（文字入力を含む）ただし、次のような機能は、プログラム機能に該当しないものとして、試験会場での使用を可とします。日数計算、時間計算、換算、税計算、検算（音のでないものに限る）
合格率	10%前後であることが多い

※　本書の刊行時のデータです。最新の情報は商工会議所のWEBサイトをご確認ください。（https://www.kentei.ne.jp/bookkeeping）

■書籍の訂正及び試験の改正情報について

発行後に判明した誤植や試験の改正については、下記のURLに記載しております。

cpa-learning.com/correction-info

目　次

第Ⅱ部

第Ⅰ部

第26～29章

連結会計

問題	ページ	出題論点
26-1	2	連結会計の基礎
26-2	7	段階取得
26-3	11	追加取得
26-4	16	一部売却
26-5	22	その他有価証券評価差額金・追加取得
26-6	25	取得関連費用
26-7	30	成果連結①
26-8	37	成果連結②
26-9	44	連結税効果
26-10	51	理論問題

26-1 連結会計の基礎

重要度A　／□　／□　／□

次の〔資料Ⅰ〕～〔資料Ⅳ〕に基づき、〔資料Ⅴ〕に示した×３年３月期の連結損益計算書及び連結貸借対照表における①～⑨の金額を答えなさい。

〔資料Ⅰ〕解答上の留意事項

1．持分比率50％超は連結子会社として処理する。
2．Ｐ社及びＳ社の会計期間は、ともに４月１日から３月31日までとする。
3．Ｓ社の発行済株式総数は10,000株である。
4．Ｓ社の土地以外の資産及び負債には、時価評価による重要な簿価修正はない。
5．のれんは、発生した年度の翌年度から10年間にわたり定額法により償却する。
6．税効果会計は考慮しない。

〔資料Ⅱ〕×１年３月期に関する事項

1．×１年３月31日に、Ｐ社はＳ社株式6,000株を42,000千円で取得した。
2．×１年３月31日におけるＰ社及びＳ社の貸借対照表は、次のとおりである。

貸借対照表

×1年３月31日　(単位：千円)

科目	Ｐ社	Ｓ社	科目	Ｐ社	Ｓ社
諸資産	208,000	80,000	諸負債	100,000	20,000
Ｓ社株式	42,000	―	資本金	100,000	50,000
			利益剰余金	50,000	10,000
合計	250,000	80,000	合計	250,000	80,000

※　Ｓ社の諸資産のうち、土地の簿価は32,000千円、時価は35,000千円である。

〔資料Ⅲ〕×２年３月期に関する事項

1．Ｐ社及びＳ社ともに、×２年３月期において、剰余金の配当は行っていない。
2．×２年３月31日におけるＰ社及びＳ社の貸借対照表は、次のとおりである。

貸借対照表

×２年３月31日　(単位：千円)

科目	Ｐ社	Ｓ社	科目	Ｐ社	Ｓ社
諸資産	210,000	85,000	諸負債	100,000	20,000
Ｓ社株式	42,000	―	資本金	100,000	50,000
			利益剰余金	52,000	15,000
合計	252,000	85,000	合計	252,000	85,000

※　Ｓ社の諸資産のうち、土地の簿価は32,000千円、時価は36,000千円である。

〔資料Ⅳ〕×３年３月期に関する事項

1．×３年３月期におけるＰ社及びＳ社の損益計算書は、次のとおりである。

損 益 計 算 書

×2年４月１日〜×3年３月31日　（単位：千円）

科　目	Ｐ　社	Ｓ　社	科　目	Ｐ　社	Ｓ　社
諸費用	90,000	54,000	諸収益	92,000	57,000
当期純利益	10,000	6,000	受取利息配当金	8,000	3,000
合　計	100,000	60,000	合　計	100,000	60,000

※　Ｐ社は当期中に利益剰余金を財源とする7,000千円の配当を行っている。

※　Ｓ社は当期中に利益剰余金を財源とする4,000千円の配当を行っている。

2．×３年３月31日におけるＰ社及びＳ社の貸借対照表は、次のとおりである。

貸 借 対 照 表

×3年３月31日　（単位：千円）

科　目	Ｐ　社	Ｓ　社	科　目	Ｐ　社	Ｓ　社
諸資産	213,000	87,000	諸負債	100,000	20,000
Ｓ社株式	42,000	—	資本金	100,000	50,000
			利益剰余金	55,000	17,000
合　計	255,000	87,000	合　計	255,000	87,000

※　Ｓ社の諸資産のうち、土地の簿価は32,000千円、時価は37,000千円である。

〔資料Ⅴ〕×３年３月期の連結損益計算書及び連結貸借対照表

連 結 損 益 計 算 書　（単位：千円）

科　目	金額	科　目	金額
諸費用	（　　）	諸収益	（　　）
のれん償却額	（ ① ）	受取利息配当金	（ ④ ）
非支配株主に帰属する当期純利益	（ ② ）		
親会社株主に帰属する当期純利益	（ ③ ）		
合　計	（　　）	合　計	（　　）

連 結 貸 借 対 照 表　（単位：千円）

科　目	金額	科　目	金額
諸資産	（ ⑤ ）	諸負債	（　　）
のれん	（ ⑥ ）	資本金	（ ⑦ ）
		利益剰余金	（ ⑧ ）
		非支配株主持分	（ ⑨ ）
合　計	（　　）	合　計	（　　）

■解答欄

①		②		③		④	
⑤		⑥		⑦		⑧	
⑨							

解答・解説　連結会計の基礎

①	420	②	2,400	③	10,780	④	8,600
⑤	303,000	⑥	3,360	⑦	100,000	⑧	58,360
⑨	28,000						

1．タイム・テーブル（単位：千円）

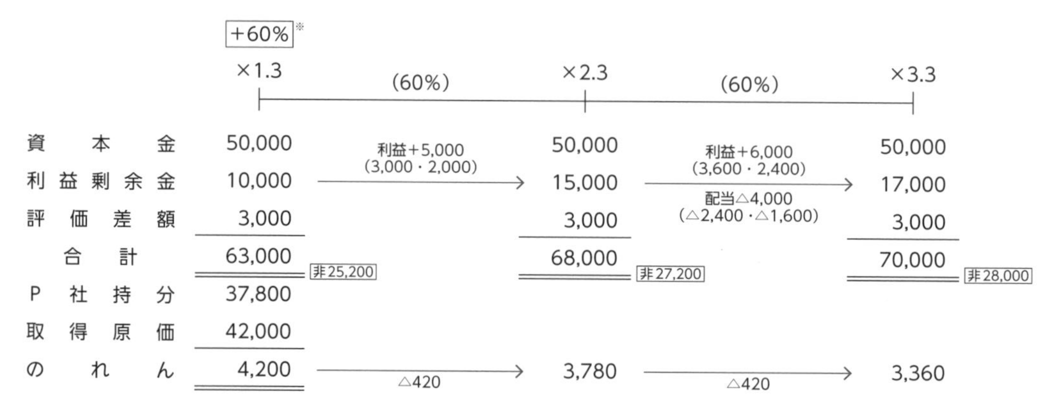

※　取得比率：6,000株（X1.3取得）÷10,000株（発行済株式総数）＝60%

2．評価差額の計上

(借) 諸資産（土地）	3,000	(貸) 評価差額	3,000

※　35,000（X1.3時価）－32,000（X1.3簿価）＝3,000

※　子会社の資産及び負債の時価評価は、支配獲得時においてのみ行う。

3．連結修正仕訳

(1)　開始仕訳

①　投資と資本の相殺消去

(借) 資本金－当期首残高	50,000	(貸) S社株式	42,000
利益剰余金－当期首残高	10,000	非支配株主持分－当期首残高	25,200※2
評価差額	3,000		
のれん	4,200※1		

※1　のれん：42,000（S社株式）－63,000（X1.3資本合計）×60%（P社比率）＝4,200

※2　非支配株主持分：63,000（X1.3資本合計）×40%（非持比率）＝25,200

②　前期利益の按分

(借) 利益剰余金－当期首残高	2,000	(貸) 非支配株主持分－当期首残高	2,000

※　5,000（S社前期利益）×40%（非持比率）＝2,000

③　前期のれんの償却

(借) 利益剰余金－当期首残高	420	(貸) のれん	420

※　4,200（のれん計上額）÷10年（償却年数）＝420

④ 開始仕訳（上記仕訳の合算）

（借）	資本金－当期首残高	50,000	（貸）	S社株式	42,000
	利益剰余金－当期首残高	12,420※1		非支配株主持分－当期首残高	27,200※3
	評価差額	3,000			
	のれん	3,780※2			

※1　利益剰余金：10,000（相殺）＋2,000（利益の按分）＋420（のれん償却額）＝12,420
※2　のれん：4,200（のれん計上額）×９年（未償却年数）／10年（償却年数）＝3,780
※3　非支配株主持分：68,000（X2.3資本合計）×40％（非持比率）＝27,200

(2)　当期の連結修正仕訳

①　当期利益の按分

（借）	非支配株主に帰属する当期純損益	2,400	（貸）	非支配株主持分－当期変動額	2,400

※　非支配株主持分：6,000（S社当期利益）×40％（非持比率）＝2,400

②　当期剰余金の配当

（借）	受取利息配当金	2,400※1	（貸）	利益剰余金－剰余金の配当	4,000
	非支配株主持分－当期変動額	1,600※2			

※1　受取利息配当金：4,000（S社当期配当）×60％（P社比率）＝2,400
※2　非支配株主持分：4,000（S社当期配当）×40％（非持比率）＝1,600

③　当期のれんの償却

（借）	のれん償却額	420	（貸）	のれん	420

※　4,200（のれん計上額）÷10年（償却年数）＝420

4．連結財務諸表

連結損益計算書

科目	金額	科目	金額
諸費用	144,000※1	諸収益	149,000※1
のれん償却額	420	受取利息配当金	8,600※2
非支配株主に帰属する当期純利益	2,400		
親会社株主に帰属する当期純利益	10,780※3		
合計	157,600	合計	157,600

※1　Ｐ社及びＳ社計上額の合計

※2　8,000（Ｐ社）＋3,000（Ｓ社）－2,400（受取配当金の相殺）＝8,600

※3　10,000（Ｐ社）＋1,200（当期取得後剰余金）－420（のれん償却額）＝10,780

連結貸借対照表

科目	金額	科目	金額
諸資産	303,000※4	諸負債	120,000※1
のれん	3,360※5	資本金	100,000※6
		利益剰余金	58,360※7
		非支配株主持分	28,000※8
合計	306,360	合計	306,360

※4　213,000（Ｐ社）＋87,000（Ｓ社）＋3,000（評価差額）＝303,000

※5　4,200（のれん計上額）×８年（未償却年数）／10年（償却年数）＝3,360

※6　Ｐ社計上額

※7　55,000（Ｐ社）＋3,000（前期取得後剰余金）＋1,200（当期取得後剰余金）－420（のれん償却額）×２年＝58,360

※8　70,000（X3.3資本合計）×40％（非持比率）＝28,000

26-2 段階取得

重要度A ／□ ／□ ／□

次の〔資料Ⅰ〕～〔資料Ⅲ〕に基づき、〔資料Ⅳ〕に示した当期の連結損益計算書及び連結貸借対照表における①～⑦の金額を答えなさい。

〔資料Ⅰ〕 留意事項

1．P社及びS社の会計期間は、いずれも3月31日を決算日とする1年である。なお、当期は×2年度（×2年4月1日から×3年3月31日まで）である。

2．S社の保有する資産と負債については、土地を除き時価に重要な変動はない。

3．税効果会計は考慮しない。

〔資料Ⅱ〕 連結財務諸表作成に関する事項

1．P社は×1年度末に、S社の発行済株式総数の10％を11,000千円で取得した。

2．P社は×2年度末に、S社の発行済株式総数の60％を84,000千円で取得し、S社に対する支配を獲得した。

3．S社の諸資産うち土地の簿価は152,000千円であった。また、土地の時価は×1年度末においては153,000千円、×2年度末においては156,000千円であった。なお、S社において土地の追加取得及び売却は行われていない。

4．×1年度末におけるP社及びS社の純資産は、次のとおりである。

（単位：千円）

	資本金	利益剰余金
P社	600,000	357,000
S社	80,000	35,000

〔資料Ⅲ〕 ×2年度のP社及びS社の個別財務諸表

損益計算書

×2年4月1日～×3年3月31日 （単位：千円）

科目	P社	S社	科目	P社	S社
諸費用	90,000	54,000	諸収益	100,000	60,000
当期純利益	10,000	6,000			
合計	100,000	60,000	合計	100,000	60,000

貸借対照表

×3年3月31日 （単位：千円）

科目	P社	S社	科目	P社	S社
諸資産	1,847,000	244,000	諸負債	975,000	123,000
S社株式	95,000	—	資本金	600,000	80,000
			利益剰余金	367,000	41,000
合計	1,942,000	244,000	合計	1,942,000	244,000

〔資料Ⅳ〕 ×２年度の連結損益計算書及び連結貸借対照表

連結損益計算書 (単位：千円)

科目	金額	科目	金額
諸費用	(①)	諸収益	( )
親会社株主に帰属する当期純利益	(②)	段階取得に係る差益	(③)
合計	( )	合計	( )

連結貸借対照表 (単位：千円)

科目	金額	科目	金額
諸資産	(④)	諸負債	( )
のれん	(⑤)	資本金	( )
		利益剰余金	(⑥)
		非支配株主持分	(⑦)
合計	( )	合計	( )

■解答欄

①		②		③		④	
⑤		⑥		⑦			

解答・解説 段階取得

①	90,000	②	13,000	③	3,000	④	2,095,000
⑤	10,500	⑥	370,000	⑦	37,500		

1．タイム・テーブル（単位：千円）

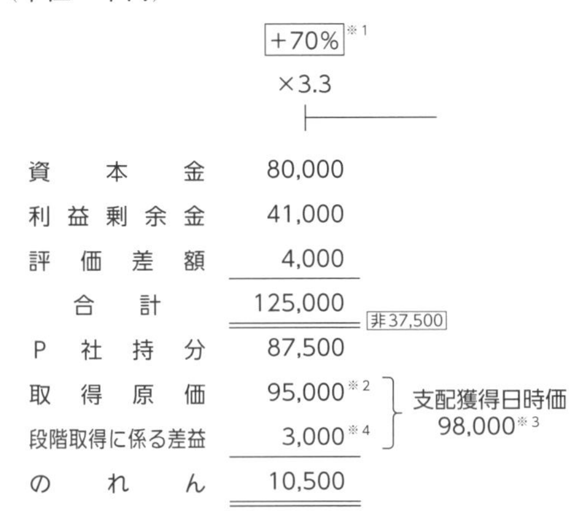

※1　取得割合：10%（X2.3取得）＋60%（X3.3取得）＝70%
※2　取得原価合計：11,000（10%分取得原価）＋84,000（60%分取得原価）＝95,000
※3　支配獲得日時価：84,000（60%分取得原価）÷60%（X3.3取得）×70%（X3.3Ｐ社持分）＝98,000
※4　段階取得に係る差益：98,000（支配獲得時時価※3）－95,000（取得原価合計※2）＝3,000
又は
84,000（60%分取得原価）÷60%（X3.3取得）×10%（X2.3取得）－11,000（10%分取得原価）＝3,000

2．評価差額の計上

(借)	諸資産（土地）	4,000	(貸)	評価差額	4,000

※　156,000（Ｘ２年度末時価）－152,000（簿価）＝4,000

3．連結修正仕訳

(1)　段階取得に係る差益の計上

(借)	Ｓ社株式	3,000	(貸)	段階取得に係る差益	3,000

※　84,000（60%分取得原価）÷60%（X3.3取得）×70%（X3.3Ｐ社持分）－95,000（取得原価合計）＝3,000
又は
84,000（60%分取得原価）÷60%（X3.3取得）×10%（X2.3取得）－11,000（10%分取得原価）＝3,000

(2)　投資と資本の相殺消去

(借)	資本金	80,000	(貸)	Ｓ社株式	98,000※1
	利益剰余金	41,000		非支配株主持分	37,500※3
	評価差額	4,000			
	のれん	10,500※2			

※1　Ｓ社株式：95,000（取得原価合計）＋3,000（段階差益）＝98,000（支配獲得時時価）
※2　のれん：98,000（支配獲得時時価）－125,000（X3.3資本合計）×70%（Ｐ社比率）＝10,500
※3　非支配株主持分：125,000（X3.3資本合計）×30%（非持比率）＝37,500

4．連結財務諸表

連結損益計算書

科　目	金額	科　目	金額
諸費用	90,000※1	諸収益	100,000※1
親会社に帰属する当期純利益	13,000※2	段階取得に係る差益	3,000
合計	103,000	合計	103,000

※1　P社計上額

※　当期末に支配を獲得しており、当期中においてS社はP社の子会社ではない。よって、当期のS社の損益計算書は合算しないため、P社計上額となる。

※2　10,000（P社）＋3,000（段階差益）＝13,000

連結貸借対照表

科　目	金額	科　目	金額
諸資産	2,095,000※3	諸負債	1,098,000※4
のれん	10,500	資本金	600,000※1
		利益剰余金	370,000※5
		非支配株主持分	37,500※6
合計	2,105,500	合計	2,105,500

※3　1,847,000（P社）＋244,000（S社）＋4,000（評価差額）＝2,095,000

※4　P社及びS社計上額の合計

※5　367,000（P社）＋3,000（段階差益）＝370,000

※6　125,000（X3.3資本合計）×30％（非持比率）＝37,500

26-3 追加取得

重要度B　／□　／□　／□

次の〔資料Ⅰ〕及び〔資料Ⅱ〕に基づき、各問に答えなさい。

〔資料Ⅰ〕 留意事項

1．P社及びS社の会計期間は、いずれも３月31日を決算日とする１年である。なお、当期は×３年度（×３年４月１日から×４年３月31日まで）である。
2．S社の保有する資産と負債については、土地を除き時価に重要な変動はない。
3．のれんは、発生した年度の翌年度から10年間にわたり定額法により償却する。
4．剰余金の配当は行われていない。
5．税効果会計は考慮しない。

〔資料Ⅱ〕 連結財務諸表作成に関する事項

1．P社は×１年３月31日に、S社の発行済株式総数の60％を36,000千円で取得し、S社に対する支配を獲得した。
2．P社は×３年３月31日に、S社の発行済株式総数の20％を17,000千円で取得した。
3．S社の諸資産うち土地の簿価は25,000千円であった。また、土地の時価は×１年３月31においては30,000千円であった。なお、S社において土地の追加取得及び売却は行われていない。
4．P社及びS社の貸借対照表における項目等の金額の推移

（P社）　（単位：千円）

	諸資産	諸負債	資本金	資本剰余金	利益剰余金
×1年３月31日	270,000	150,000	50,000	20,000	50,000
×3年３月31日	300,000	150,000	50,000	20,000	80,000
×4年３月31日	340,000	150,000	50,000	20,000	120,000

（S社）　（単位：千円）

	諸資産	諸負債	資本金	資本剰余金	利益剰余金
×1年３月31日	70,000	20,000	30,000	10,000	10,000
×3年３月31日	80,000	20,000	30,000	10,000	20,000
×4年３月31日	100,000	20,000	30,000	10,000	40,000

〔資料Ⅲ〕 ×３年度の連結貸借対照表

連結貸借対照表　（単位：千円）

科目	金額	科目	金額
諸資産	（ ① ）	諸負債	（　）
のれん	（ ② ）	資本金	（　）
		資本剰余金	（ ③ ）
		利益剰余金	（ ④ ）
		非支配株主持分	（ ⑤ ）
合計	（　）	合計	（　）

問1　×３年度の連結損益計算書における下記項目の金額を答えなさい。

①　非支配株主に帰属する当期純利益

②　親会社株主に帰属する当期純利益

問2　〔資料Ⅲ〕に示した連結貸借対照表における①～⑤の金額を答えなさい。

■解答欄

問1

①		②	

問2

①		②		③		④	
⑤							

解答・解説 追加取得

問1

①	4,000	②	55,700

問2

①	392,000	②	2,100	③	16,000	④	141,100
⑤	17,000						

1．タイム・テーブル（単位：千円）

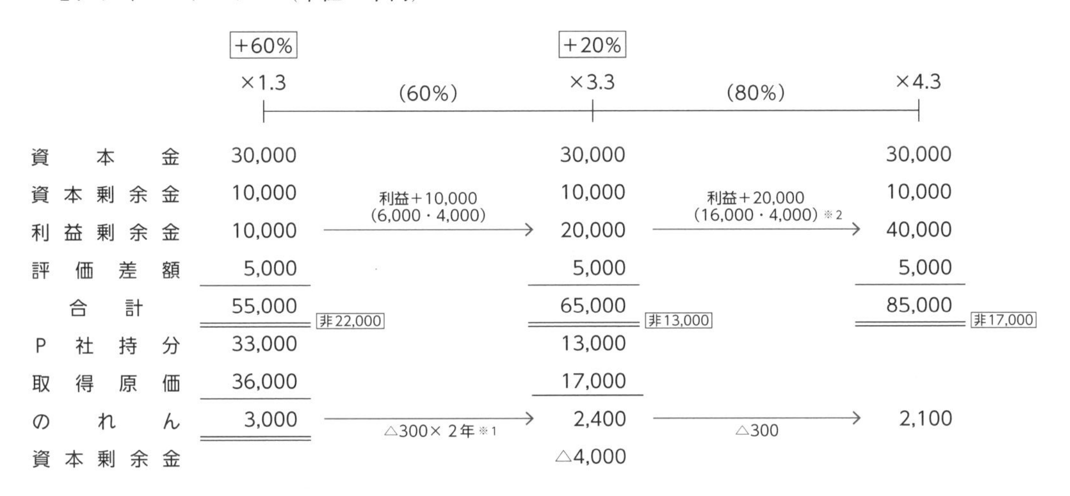

※1　のれんについて２年間分（X1.4～X3.3）償却する点に留意すること。

※2　追加取得後は追加取得後の持分比率に基づき按分する。

2．評価差額の計上

(借) 諸資産（土地）	5,000	(貸) 評価差額	5,000

※　30,000（X０年度末時価）－25,000（簿価）＝5,000

3．連結修正仕訳

(1) 開始仕訳

① 投資と資本の相殺消去

(借)	資本金－当期首残高	30,000	(貸)	諸資産（Ｓ社株式）	36,000
	資本剰余金－当期首残高	10,000		非支配株主持分－当期首残高	22,000※1
	利益剰余金－当期首残高	10,000			
	評価差額	5,000			
	のれん	3,000※2			

※1　非支配株主持分：55,000（X1.3資本合計）×40％（非持比率）＝22,000

※2　のれん：36,000（Ｓ社株式）－55,000（X1.3資本合計）×60％（Ｐ社比率）＝3,000

② 利益の按分

(借)	利益剰余金－当期首残高	4,000	(貸)	非支配株主持分－当期首残高	4,000

※　10,000（X1.4～X3.3利益剰余金増加額）×40％（非持比率）＝4,000

③ のれんの償却

(借)	利益剰余金－当期首残高	600	(貸)	のれん	600

※　3,000（のれん計上額）÷10年（償却年数）×２年＝600

④ 追加取得

(借)	非支配株主持分－当期首残高	13,000※1	(貸)	諸資産（Ｓ社株式）	17,000
	資本剰余金－当期首残高	4,000※2			

※1　非支配株主持分：65,000（X3.3資本合計）×20％（追加取得比率）＝13,000

※2　資本剰余金：4,000（差額）

⑤ 開始仕訳（上記仕訳の合算）

(借)	資本金－当期首残高	30,000	(貸)	諸資産（Ｓ社株式）	53,000
	資本剰余金－当期首残高	14,000※1		非支配株主持分－当期首残高	13,000※4
	利益剰余金－当期首残高	14,600※2			
	評価差額	5,000			
	のれん	2,400※3			

※1　資本剰余金：10,000（相殺）＋4,000（追加取得）＝14,000

※2　利益剰余金：10,000（相殺）＋4,000（利益の按分）＋300（のれん償却額）×２年＝14,600

※3　のれん：3,000（のれん計上額）×８年（未償却年数）／10年（償却年数）＝2,400

※4　非支配株主持分：65,000（X3.3資本合計）×20％（追加取得後非持比率）＝13,000

(2) 当期の連結修正仕訳

① 当期利益の按分

(借)	非支配株主に帰属する当期純損益	4,000	(貸)	非支配株主持分－当期変動額	4,000

※　20,000（Ｓ社当期利益）×20％（追加取得後非持比率）＝4,000

② 当期のれんの償却

(借)	のれん償却額	300	(貸)	のれん	300

※　3,000（のれん計上額）÷10年（償却年数）＝300

4．連結損益計算書計上額

① 非支配株主に帰属する当期純利益：4,000

② 親会社株主に帰属する当期純利益：40,000（Ｐ社※）＋16,000（当期取得後剰余金）－300（のれん償却額）＝55,700

※ Ｐ社当期利益：120,000（X4.3Ｐ社利益剰余金）－80,000（X3.3Ｐ社利益剰余金）＝40,000

5．連結貸借対照表

連結貸借対照表

科目	金額	科目	金額
諸資産	392,000※1	諸負債	170,000※3
のれん	2,100※2	資本金	50,000※4
		資本剰余金	16,000※5
		利益剰余金	141,100※6
		非支配株主持分	17,000※7
合計	394,100	合計	394,100

※1 340,000（Ｐ社）＋100,000（Ｓ社）＋5,000（評価差額）－36,000（60％分取得原価）－17,000（20％分取得原価）＝392,000

※ Ｐ社の諸資産にＳ社株式が含まれているため、Ｓ社資本との相殺額を減額する。

※2 3,000（のれん計上額）×７年（未償却年数）／10年（償却年数）＝2,100

※3 150,000（Ｐ社）＋20,000（Ｓ社）＝170,000

※4 Ｐ社計上額

※5 20,000（Ｐ社）－4,000（追加取得）＝16,000

※6 120,000（Ｐ社）＋6,000（前期以前取得後剰余金）＋16,000（当期取得後剰余金）－300（のれん償却額）×３年＝141,100

※7 85,000（X4.3資本合計）×20％（追加取得後非持比率）＝17,000

26-4 一部売却

重要度B　／□　／□　／□

次の〔資料Ⅰ〕～〔資料Ⅲ〕に基づき、〔資料Ⅳ〕に示した×４年３月期の連結損益計算書及び連結貸借対照表における①～⑩の金額を答えなさい。なお、解答する金額がゼロとなる場合には「－」と解答すること。

〔資料Ⅰ〕 留意事項

1．Ｐ社及びＳ社の会計期間は、いずれも３月31日を決算日とする１年である。なお、当期は×３年度（×３年４月１日から×４年３月31日まで）である。

2．Ｓ社の保有する資産と負債については、土地を除き時価に重要な変動はない。

3．のれんは、発生した年度の翌年度から10年間にわたり定額法により償却する。

4．法人税等の税金及び税効果会計は考慮しない。

〔資料Ⅱ〕 連結財務諸表作成に関する事項

1．Ｐ社は×１年度末に、Ｓ社の発行済株式総数の70％を56,000千円で取得し、Ｓ社に対する支配を獲得した。

2．Ｐ社は×３年度末に、Ｓ社の発行済株式総数の10％を9,200千円で売却した。

3．Ｓ社の諸資産のうち土地の簿価は25,000千円であった。また、土地の時価は×１年度末においては22,000千円、×２年度末においては20,000千円であった。なお、Ｓ社において土地の追加取得及び売却は行われていない。

4．Ｐ社及びＳ社の純資産の推移は、次のとおりである。

（Ｐ社）　　　　　　（単位：千円）

	資本金	資本剰余金	利益剰余金
×2年３月31日	500,000	300,000	600,000
×3年３月31日	500,000	300,000	700,000
×4年３月31日	500,000	300,000	900,000

（Ｓ社）　　　　　　（単位：千円）

	資本金	資本剰余金	利益剰余金
×2年３月31日	40,000	20,000	15,000
×3年３月31日	40,000	20,000	30,000
×4年３月31日	40,000	20,000	45,000

5．Ｓ社は当期において利益剰余金を財源とする5,000千円の剰余金の配当を行っている。

〔資料Ⅲ〕 ×３年度のＰ社及びＳ社の個別財務諸表

損益計算書

×3年４月１日〜×4年３月31日 (単位：千円)

科目	Ｐ社	Ｓ社	科目	Ｐ社	Ｓ社
諸費用	100,000	40,000	諸収益	290,800	55,000
当期純利益	200,000	20,000	受取利息配当金	8,000	5,000
			Ｓ社株式売却益	1,200	—
合計	300,000	60,000	合計	300,000	60,000

貸借対照表

×4年３月31日 (単位：千円)

科目	Ｐ社	Ｓ社	科目	Ｐ社	Ｓ社
諸資産	2,407,000	243,000	諸負債	755,000	138,000
Ｓ社株式	48,000	—	資本金	500,000	40,000
			資本剰余金	300,000	20,000
			利益剰余金	900,000	45,000
合計	2,455,000	243,000	合計	2,455,000	243,000

〔資料Ⅳ〕 ×３年度の連結財務諸表

連結損益計算書 (単位：千円)

科目	金額	科目	金額
諸費用	(　　)	諸収益	(　　)
のれん償却額	(①)	受取利息配当金	(④)
非支配株主に帰属する当期純利益	(②)	Ｓ社株式売却益	(⑤)
親会社株主に帰属する当期純利益	(③)		
合計	(　　)	合計	(　　)

連結貸借対照表 (単位：千円)

科目	金額	科目	金額
諸資産	(⑥)	諸負債	(　　)
のれん	(⑦)	資本金	(　　)
		資本剰余金	(⑧)
		利益剰余金	(⑨)
		非支配株主持分	(⑩)
合計	(　　)	合計	(　　)

■解答欄

①		②		③		④	
⑤		⑥		⑦		⑧	
⑨		⑩					

解答・解説　一部売却

①	560	②	6,000	③	208,740	④	9,500
⑤	—	⑥	2,647,000	⑦	4,480	⑧	299,000
⑨	918,680	⑩	40,800				

1．タイム・テーブル（単位：千円）

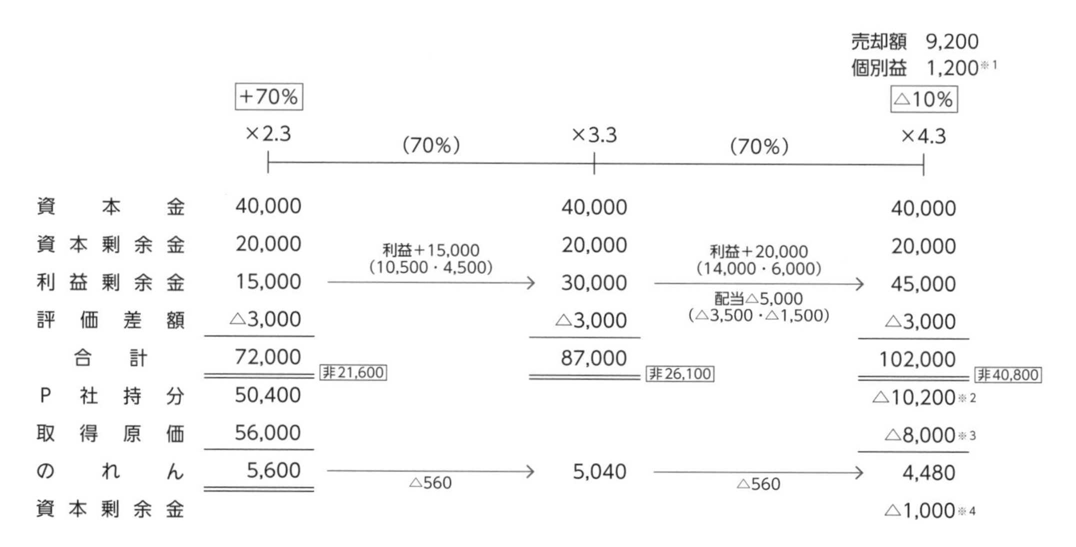

※1　S社株式売却益：9,200（売却価額）－8,000（売却原価※3）＝1,200

※2　売却持分：102,000（X4.3資本合計）×10%（売却割合）＝10,200

※3　売却原価：56,000（70%分取得原価）÷70%（X2.3取得）×10%（売却割合）＝8,000

※4　資本剰余金減少額：9,200（売却価額）－10,200（売却持分※2）＝△1,000

2．評価差額の計上

(借) 評価差額	3,000	(貸) 諸資産（土地）	3,000

※　22,000（X１年度末時価）－25,000（簿価）＝△3,000

3．連結修正仕訳

(1) 開始仕訳

① 投資と資本の相殺消去

借方科目	金額	貸方科目	金額
(借) 資本金－当期首残高	40,000	(貸) 評価差額	3,000
資本剰余金－当期首残高	20,000	S社株式	56,000
利益剰余金－当期首残高	15,000	非支配株主持分－当期首残高	21,600※1
のれん	5,600※2		

※1　非支配株主持分：72,000（X2.3資本合計）×30%（非持比率）＝21,600
※2　のれん：56,000（S社株式）－72,000（X2.3資本合計）×70%（P社比率）＝5,600

② 前期利益の按分

借方科目	金額	貸方科目	金額
(借) 利益剰余金－当期首残高	4,500	(貸) 非支配株主持分－当期首残高	4,500

※　15,000（S社前期利益）×30%（非持比率）＝4,500

③ 前期のれんの償却

借方科目	金額	貸方科目	金額
(借) 利益剰余金－当期首残高	560	(貸) のれん	560

※　5,600（のれん計上額）÷10年（償却年数）＝560

④ 開始仕訳（上記仕訳の合算）

借方科目	金額	貸方科目	金額
(借) 資本金－当期首残高	40,000	(貸) 評価差額	3,000
資本剰余金－当期首残高	20,000	S社株式	56,000
利益剰余金－当期首残高	20,060※1	非支配株主持分－当期首残高	26,100※3
のれん	5,040※2		

※1　利益剰余金：15,000（相殺）＋4,500（利益の按分）＋560（のれん償却額）＝20,060
※2　のれん：5,600（のれん計上額）×９年（未償却年数）／10年（償却年数）＝5,040
※3　非支配株主持分：87,000（X3.3資本合計）×30%（非持比率）＝26,100

(2) 当期の連結修正仕訳

① 当期利益の按分

借方科目	金額	貸方科目	金額
(借) 非支配株主に帰属する当期純損益	6,000	(貸) 非支配株主持分－当期変動額	6,000

※　20,000（S社当期利益）×30%（非持比率）＝6,000

② 当期剰余金の配当の修正

借方科目	金額	貸方科目	金額
(借) 受取利息配当金	3,500※1	(貸) 利益剰余金－剰余金の配当	5,000
非支配株主持分　当期変動額	1,500※2		

※1　受取利息配当金：5,000（S社当期配当）×70%（P社比率）＝3,500
※2　非支配株主持分：5,000（S社当期配当）×30%（非持比率）＝1,500

③ 当期のれんの償却

借方科目	金額	貸方科目	金額
(借) のれん償却額	560	(貸) のれん	560

※　5,600（のれん計上額）÷10年（償却年数）＝560

④　一部売却

〔個別上の仕訳〕

(借)	現金預金	9,200※1	(貸)	S社株式	8,000※2
				S社株式売却益	1,200※3

※1　現金預金：9,200（売却価額）

※2　S社株式：56,000（70％分取得原価）÷70％（X2.3取得）×10％（売却割合）＝8,000

※3　S社株式売却益：1,200（差額）

〔連結上あるべき仕訳〕

(借)	現金預金	9,200※1	(貸)	非支配株主持分－当期変動額	10,200※2
	資本剰余金－当期変動額	1,000※3			

※1　現金預金：9,200（売却価額）

※2　非支配株主持分：102,000（X4.3資本合計）×10％（売却割合）＝10,200

※3　資本剰余金：1,000（差額）

〔連結修正仕訳〕

(借)	S社株式	8,000	(貸)	非支配株主持分－当期変動額	10,200
	S社株式売却益	1,200			
	資本剰余金－当期変動額	1,000			

4．連結財務諸表

連結損益計算書　(単位：千円)

科目	金額	科目	金額
諸費用	140,000※1	諸収益	345,800※1
のれん償却額	560	受取利息配当金	9,500※3
非支配株主に帰属する当期純利益	6,000	S社株式売却益	—　※4
親会社株主に帰属する当期純利益	208,740※2		
合計	355,300	合計	355,300

※1　P社及びS社計上額の合計

※2　200,000（P社）＋10,500（当期取得後剰余金）－560（のれん償却額）－1,200（S社株式売却益）＝208,740

※　S社株式売却益の集計漏れに留意すること。

※3　8,000（P社）＋5,000（S社）－3,500（受取利息配当金）＝9,500

※4　1,200（S社）－1,200（S社株式売却益）＝0

連結貸借対照表　(単位：千円)

科目	金額	科目	金額
諸資産	2,647,000※5	諸負債	893,000※1
のれん	4,480※6	資本金	500,000※7
		資本剰余金	299,000※8
		利益剰余金	918,680※9
		非支配株主持分	40,800※10
合計	2,651,480	合計	2,651,480

※5　2,407,000（P社）＋243,000（S社）－3,000（評価差額）＝2,647,000

※6　5,600（のれん計上額）×8年（未償却年数）／10年（償却年数）＝4,480

※7　P社計上額

※8　300,000（P社）－1,000（一部売却）＝299,000

※9　900,000（P社）＋10,500（前期取得後剰余金）＋10,500（当期取得後剰余金）
－560（のれん償却額）×2年－1,200（S社株式売却益）＝918,680

※10　102,000（X4.3資本合計）×40%（一部売却後非持比率）＝40,800

※　一部売却後の非持比率を乗じる点に留意すること。

26-5 その他有価証券評価差額金・追加取得 重要度C　／□　／□　／□

次の〔資料Ⅰ〕及び〔資料Ⅱ〕に基づき、×３年度の連結貸借対照表における各金額を答えなさい。

〔資料Ⅰ〕 留意事項

1．P社及びS社の会計期間は、いずれも３月31日を決算日とする１年である。なお、当期は×３年度（×３年４月１日から×４年３月31日まで）である。

2．S社の資産及び負債には、時価評価による重要な簿価修正はない。

3．剰余金の配当は行われていない。

4．税金等は一切考慮しない。

〔資料Ⅱ〕 連結財務諸表作成に関する事項

1．P社は×１年度末に、S社の発行済株式総数の60％を22,800千円で取得し、S社に対する支配を獲得した。

2．P社は×２年度末に、S社の発行済株式総数の20％を9,500千円で取得した。

3．P社及びS社の純資産の推移

（P社）　（単位：千円）

	資本金	資本剰余金	利益剰余金	その他有価証券評価差額金
×2年３月31日	50,000	15,000	50,000	5,000
×3年３月31日	50,000	15,000	90,000	6,000
×4年３月31日	50,000	15,000	130,000	8,000

（S社）　（単位：千円）

	資本金	資本剰余金	利益剰余金	その他有価証券評価差額金
×2年３月31日	20,000	12,000	4,000	2,000
×3年３月31日	20,000	12,000	8,000	△1,000
×4年３月31日	20,000	12,000	15,000	3,000

■解答欄

資本剰余金	千円
その他有価証券評価差額金	千円
非支配株主持分	千円

解答・解説 その他有価証券評価差額金・追加取得

資本剰余金	13,300 千円
その他有価証券評価差額金	9,400 千円
非支配株主持分	10,000 千円

1．タイム・テーブル（単位：千円）

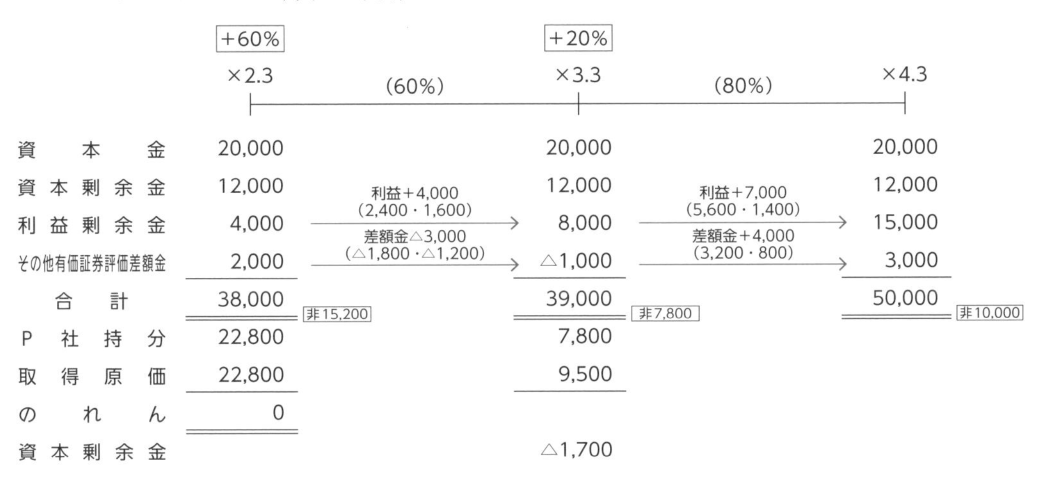

2．連結修正仕訳

(1) 開始仕訳

① 投資と資本の相殺消去

（借）	資本金－当期首残高	20,000	（貸）S社株式	22,800
	資本剰余金－当期首残高	12,000	非支配株主持分－当期首残高	15,200※
	利益剰余金－当期首残高	4,000		
	その他有価証券評価差額金－当期首残高	2,000		

※ 非支配株主持分：38,000（X2.3資本合計）×40%（非持比率）＝15,200

② 前期利益の按分

（借）	利益剰余金－当期首残高	1,600	（貸）非支配株主持分－当期首残高	1,600

※ 4,000（S社前期利益）×40%（非持比率）＝1,600

③ 前期その他有価証券評価差額金の減少額の按分

（借）	非支配株主持分－当期首残高	1,200	（貸）その他有価証券評価差額金－当期首残高	1,200

※ 3,000（前期差額金減少額）×40%（非持比率）＝1,200

④ 追加取得

（借）	非支配株主持分－当期首残高	7,800※1	（貸）S社株式	9,500
	資本剰余金－当期首残高	1,700※2		

※1 非支配株主持分：39,000（X3.3資本合計）×20%（追加取得比率）＝7,800

※2 資本剰余金：1,700（差額）

⑤　開始仕訳（上記仕訳の合算）

（借）	資　本　金－当期首残高	20,000	（貸）	Ｓ　社　株　式	32,300※4
	資本剰余金－当期首残高	13,700※1		非支配株主持分－当期首残高	7,800※5
	利益剰余金－当期首残高	5,600※2			
	その他有価証券評価差額金－当期首残高	800※3			

※1　資本剰余金：12,000（相殺）＋1,700（追加取得）＝13,700
※2　利益剰余金：4,000（相殺）＋1,600（利益の按分）＝5,600
※3　その他有価証券評価差額金：2,000（相殺）－1,200（減少額の按分）＝800
※4　Ｓ社株式：22,800（60％分取得原価）＋9,500（20％分取得原価）＝32,300
※5　非支配株主持分：39,000（X3.3資本合計）×20％（追加取得後非持比率）＝7,800

(2)　当期の連結修正仕訳

①　当期利益の按分

（借）	非支配株主に帰属する当期純損益	1,400	（貸）	非支配株主持分－当期変動額	1,400

※　7,000（Ｓ社当期利益）×20％（追加取得後非持比率）＝1,400

②　当期その他有価証券評価差額金の増加額の按分

（借）	その他有価証券評価差額金－当期変動額	800	（貸）	非支配株主持分－当期変動額	800

※　4,000（当期差額金増加額）×20％（追加取得後非持比率）＝800

3．連結財務諸表計上額

資本剰余金：15,000（Ｐ社）－1,700（追加取得）＝13,300
その他有価証券評価差額金：8,000（Ｐ社）－1,800（前期按分）＋3,200（当期按分）＝9,400
非支配株主持分：50,000（X4.3資本合計）×20％（追加取得後非持比率）＝10,000

26-6 取得関連費用

重要度B　/ □　/ □　/ □

次の〔資料Ⅰ〕～〔資料Ⅳ〕に基づき、〔資料Ⅴ〕に示した×３年３月期の連結損益計算書及び連結貸借対照表における①～⑧の金額を答えなさい。

〔資料Ⅰ〕留意事項

1．持分比率50％超は連結子会社として処理する。
2．Ｐ社及びＳ社の会計期間は、ともに４月１日から３月31日までとする。
3．剰余金の配当は行われていないものとする。
4．Ｓ社の資産及び負債には、時価評価による重要な簿価修正はない。
5．のれんは、発生した年度の翌年度から５年間にわたり定額法により償却する。
6．税効果会計は考慮しない。

〔資料Ⅱ〕Ｓ社の純資産の推移

決算日	資本金	資本剰余金	利益剰余金
×1年３月31日	80,000千円	20,000千円	47,000千円
×2年３月31日	80,000千円	20,000千円	48,000千円
×3年３月31日	80,000千円	20,000千円	50,000千円

〔資料Ⅲ〕Ｓ社株式の取得に関する事項

1．Ｐ社は×１年３月31日にＳ社株式の10％を14,000千円（内、付随費用200千円）で取得した。
2．Ｐ社は×２年３月31日にＳ社株式の50％を75,500千円（内、付随費用500千円）で取得し、Ｓ社を子会社とした。
3．Ｐ社は×３年３月31日にＳ社株式の20％を32,000千円（内、付随費用300千円）で取得した。

〔資料Ⅳ〕×３年３月期の損益計算書及び貸借対照表

損益計算書

×2年４月１日～×3年３月31日　（単位：千円）

科目	P社	S社	科目	P社	S社
諸費用	190,000	58,000	諸収益	200,000	60,000
当期純利益	10,000	2,000			
合計	200,000	60,000	合計	200,000	60,000

貸借対照表

×3年３月31日　（単位：千円）

科目	P社	S社	科目	P社	S社
諸資産	857,500	300,000	諸負債	749,000	150,000
S社株式	121,500	—	資本金	120,000	80,000
			資本剰余金	40,000	20,000
			利益剰余金	70,000	50,000
合計	979,000	300,000	合計	979,000	300,000

〔資料Ⅴ〕×３年３月期の連結損益計算書及び連結貸借対照表

連結損益計算書　（単位：千円）

科目	金額	科目	金額
諸費用	（ ① ）	諸収益	（ ）
のれん償却額	（ ② ）		
非支配株主に帰属する当期純利益	（ ③ ）		
親会社株主に帰属する当期純利益	（ ④ ）		
合計	（ ）	合計	（ ）

連結貸借対照表　（単位：千円）

科目	金額	科目	金額
諸資産	（ ）	諸負債	（ ）
のれん	（ ⑤ ）	資本金	（ ）
		資本剰余金	（ ⑥ ）
		利益剰余金	（ ⑦ ）
		非支配株主持分	（ ⑧ ）
合計	（ ）	合計	（ ）

■解答欄

①		②		③		④	
⑤		⑥		⑦		⑧	

解答・解説 取得関連費用

①	248,300	②	240	③	800	④	10,660
⑤	960	⑥	38,300	⑦	71,160	⑧	30,000

1．タイム・テーブル（単位：千円）

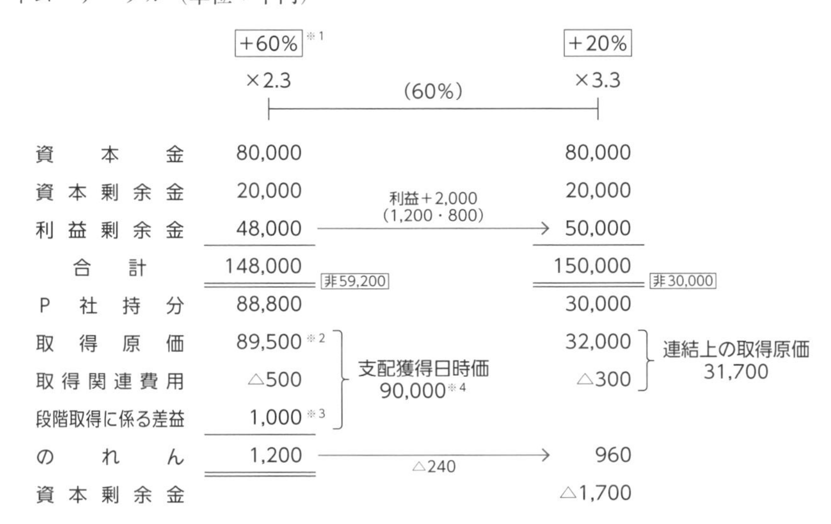

※1　取得割合：10%（X1.3取得）+50%（X2.3取得）=60%

※2　取得原価合計：14,000（10%分取得原価）+75,500（50%分取得原価）=89,500

※3　段階取得に係る差益：90,000（支配獲得日時価※4）−{89,500（取得原価合計※2）−500（50%分取得関連費用）}=1,000
　又は
{75,500（50%分取得原価）−500（50%分取得関連費用）}÷50%（X2.3取得）×10%（X1.3取得）−14,000（10%分取得原価）=1,000

※4　支配獲得日時価：{75,500（50%分取得原価）−500（50%分取得関連費用）}÷50%（X2.3取得）×60%（X2.3持分）=90,000

2．連結修正仕訳

(1) 開始仕訳

① 取得関連費用

(借)	利益剰余金－当期首残高	500	(貸)	Ｓ　社　株　式	500

② 段階取得に係る差益

(借)	Ｓ　社　株　式	1,000	(貸)	利益剰余金－当期首残高	1,000

※ {75,500（50％分取得原価）－500（取得関連費用）}÷50％（X2.3取得）×10％（X1.3取得）－14,000（10％分取得原価）＝1,000

③ 投資と資本の相殺消去

(借)	資　本　金－当期首残高	80,000	(貸)	Ｓ　社　株　式	90,000※1
	資本剰余金－当期首残高	20,000		非支配株主持分－当期首残高	59,200※3
	利益剰余金－当期首残高	48,000			
	の　れ　ん	1,200※2			

※1 Ｓ社株式：89,500（取得原価合計）－500（50％分取得関連費用）＋1,000（段階差益）＝90,000
又は
{75,500（50％分取得原価）－500（50％分取得関連費用）}÷50％（X2.3取得）×60％（X2.3持分）＝90,000

※2 のれん：90,000（Ｓ社株式※1）－148,000（X2.3資本合計）×60％（Ｐ社比率）＝1,200

※3 非支配株主持分：148,000（X2.3資本合計）×40％（非持比率）＝59,200

④ 開始仕訳（上記仕訳の合算）

(借)	資　本　金－当期首残高	80,000	(貸)	Ｓ　社　株　式	89,500※1
	資本剰余金－当期首残高	20,000		非支配株主持分－当期首残高	59,200※3
	利益剰余金－当期首残高	47,500※2			
	の　れ　ん	1,200			

※1 Ｓ社株式：89,500（取得原価合計）

※2 利益剰余金：48,000（相殺）＋500（50％分取得関連費用）－1,000（段階差益）＝47,500

※3 非支配株主持分：148,000（X2.3資本合計）×40％（非持比率）＝59,200

(2) 当期の連結修正仕訳

① 当期利益の按分

(借)	非支配株主に帰属する当期純損益	800	(貸)	非支配株主持分－当期変動額	800

※ 2,000（Ｓ社当期利益）×40％（非持比率）＝800

② 当期のれんの償却

(借)	の れ ん 償 却 額	240	(貸)	の　れ　ん	240

※ 1,200（のれん計上額）÷５年（償却年数）＝240

③ 取得関連費用

(借)	諸費用（支払手数料）	300	(貸)	Ｓ　社　株　式	300

④ 追加取得

(借)	非支配株主持分－当期変動額	30,000※2	(貸)	Ｓ　社　株　式	31,700※1
	資本剰余金－当期変動額	1,700※3			

※1 Ｓ社株式：32,000（20％分取得原価）－300（20％分取得関連費用）＝31,700（連結上の取得原価）

※2 非支配株主持分：150,000（X3.3資本合計）×20％（追加取得比率）＝30,000

※3 資本剰余金：1,700（差額）

3．連結財務諸表

連結損益計算書

科目	金額	科目	金額
諸費用	248,300※2	諸収益	260,000※1
のれん償却額	240		
非支配株主に帰属する当期純利益	800		
親会社株主に帰属する当期純利益	10,660※3		
合計	260,000	合計	260,000

※1　P社及びS社計上額の合計

※2　190,000（P社）＋58,000（S社）＋300（20％分取得関連費用）＝248,300

※3　10,000（P社）＋1,200（当期取得後剰余金）－240（のれん償却額）－300（20％分取得関連費用）＝10,660

連結貸借対照表

科目	金額	科目	金額
諸資産	1,157,500※1	諸負債	899,000※1
のれん	960※4	資本金	120,000※5
		資本剰余金	38,300※6
		利益剰余金	71,160※7
		非支配株主持分	30,000※8
合計	1,158,460	合計	1,158,460

※4　1,200（のれん計上額）×4年（未償却年数）／5年（償却年数）＝960

※5　P社計上額

※6　40,000（P社）－1,700（追加取得）＝38,300

※7　70,000（P社）－500（50％分取得関連費用）＋1,000（段階差益）＋1,200（取得後剰余金）－240（のれん償却額）－300（20％分取得関連費用）＝71,160

※8　150,000（X3.3資本合計）×20％（追加取得後非持比率）＝30,000

26-7 成果連結①

重要度A　／□　／□　／□

次の〔資料Ⅰ〕～〔資料Ⅲ〕に基づき、〔資料Ⅳ〕に示した当期の連結損益計算書及び連結貸借対照表における①～⑰の金額を答えなさい。なお、解答の金額がマイナスとなる場合には金額の前に△の記号を付すこと。

〔資料Ⅰ〕 留意事項

1．P社及びS社の会計期間は、いずれも3月31日を決算日とする1年であり、当期は×2年4月1日から×3年3月31日までである。

2．P社及びS社の間には、〔資料Ⅱ〕に示されたもの以外の取引はない。

3．S社の資産及び負債には、時価評価による重要な簿価修正はない。

4．のれんは、発生した年度の翌年度から5年間にわたり定額法により償却する。

5．剰余金の配当は行われていない。

6．税効果会計は考慮しない。

〔資料Ⅱ〕 連結財務諸表作成に関する事項

1．P社は×1年3月31日に、S社の発行済株式総数の60％を8,300千円で取得し、S社に対する支配を獲得した。

2．P社及びS社の純資産の推移は、次のとおりである。

（P社）　（単位：千円）

	資本金	利益剰余金	合計
×1年3月31日	20,000	7,000	27,000
×2年3月31日	20,000	9,000	29,000

（S社）　（単位：千円）

	資本金	利益剰余金	合計
×1年3月31日	8,000	4,000	12,000
×2年3月31日	8,000	5,000	13,000

3．当期首にS社はP社に対して備品（取得原価2,000千円、減価償却累計額800千円）を1,500千円で売却している。P社は当該備品に対して、耐用年数3年、残存価額ゼロ、定額法により減価償却を行っている。

4．P社は前期よりS社へ商品の一部を掛販売している。当期におけるP社からS社への売上高は11,000千円であった。

5．S社の商品棚卸高に含まれているP社からの仕入分は、次のとおりである。なお、売上総利益率は20％であり、毎期一定である。

期首商品：2,000千円　　期末商品：1,500千円

6．P社の売掛金残高のうちS社に対するものは、次のとおりである。

前期末売掛金：2,500千円　当期末売掛金：3,000千円

7．P社は売掛金の期末残高に対して2％の貸倒引当金を計上している。

〔資料Ⅲ〕 P社及びS社の個別財務諸表

損 益 計 算 書

×2年4月1日～×3年3月31日 (単位：千円)

	P社	S社
売上高	80,000	40,000
売上原価	75,000	37,400
売上総利益	5,000	2,600
貸倒引当金繰入額	50	30
減価償却費	2,700	1,500
その他の費用	250	170
営業利益	2,000	900
固定資産売却益	1,000	1,100
当期純利益	3,000	2,000

貸 借 対 照 表

×3年3月31日 (単位：千円)

資産の部	P社	S社	負債・純資産の部	P社	S社
現金及び預金	6,000	5,200	買掛金	12,000	8,000
売掛金	20,000	10,000	短期借入金	27,500	14,000
貸倒引当金	△400	△200	負債合計	39,500	22,000
商品	14,000	6,500	資本金	20,000	8,000
備品	30,000	20,000	利益剰余金	12,000	7,000
減価償却累計額	△6,400	△4,500			
S社株式	8,300	—	純資産合計	32,000	15,000
資産合計	71,500	37,000	負債・純資産合計	71,500	37,000

〔資料Ⅳ〕　連結損益計算書及び連結貸借対照表

連 結 損 益 計 算 書

×2年4月1日～×3年3月31日　(単位：千円)

売上高	(①)
売上原価	(②)
売上総利益	( )
貸倒引当金繰入額	(③)
減価償却費	(④)
のれん償却額	(⑤)
その他の費用	( )
営業利益	( )
固定資産売却益	(⑥)
当期純利益	( )
非支配株主に帰属する当期純利益	(⑦)
親会社株主に帰属する当期純利益	(⑧)

連 結 貸 借 対 照 表

×3年3月31日　(単位：千円)

資産の部	金額	負債・純資産の部	金額
現金及び預金	( )	買掛金	(⑮)
売掛金	(⑨)	短期借入金	( )
貸倒引当金	(⑩)	負債合計	( )
商品	(⑪)	資本金	( )
備品	(⑫)	利益剰余金	(⑯)
減価償却累計額	(⑬)	非支配株主持分	(⑰)
のれん	(⑭)	純資産合計	( )
資産合計	( )	負債・純資産合計	( )

■解答欄

①		②		③		④	
⑤		⑥		⑦		⑧	
⑨		⑩		⑪		⑫	
⑬		⑭		⑮		⑯	
⑰							

解答・解説 成果連結①

①	109,000	②	101,300	③	70	④	4,100
⑤	220	⑥	1,800	⑦	720	⑧	3,970
⑨	27,000	⑩	△540	⑪	20,200	⑫	49,700
⑬	△10,800	⑭	660	⑮	17,000	⑯	13,000
⑰	5,920						

1．タイム・テーブル（単位：千円）

P社

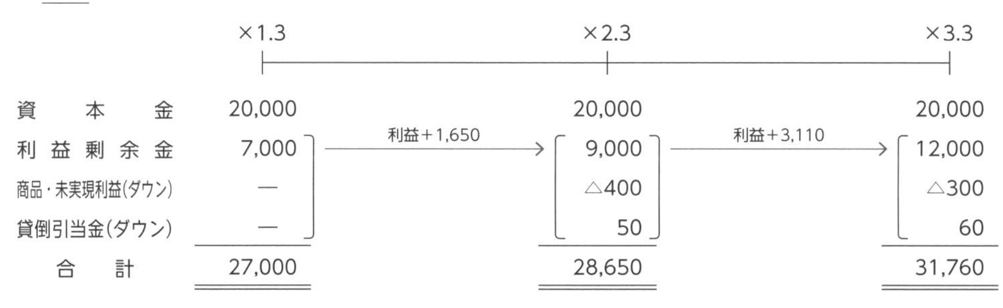

S社

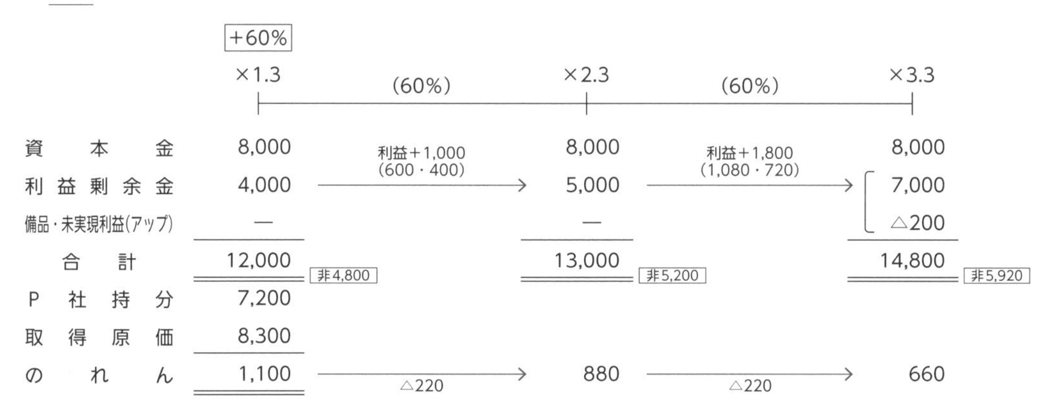

2．連結修正仕訳（資本連結）

⑴　開始仕訳

①　投資と資本の相殺消去

（借）	資本金－当期首残高	8,000	（貸）	S　社　株　式	8,300
	利益剰余金－当期首残高	4,000		非支配株主持分－当期首残高	4,800※1
	の　れ　ん	1,100※2			

※1　非支配株主持分：12,000（X1.3資本合計）×40％（非持比率）＝4,800
※2　のれん：8,300（Ｓ社株式）－12,000（X1.3資本合計）×60％（Ｐ社比率）＝1,100

②　前期利益の按分

（借）	利益剰余金－当期首残高	400	（貸）	非支配株主持分－当期首残高	400

※　1,000（Ｓ社前期利益）×40％（非持比率）＝400

③　前期のれんの償却

（借）	利益剰余金－当期首残高	220	（貸）	の　れ　ん	220

※　1,100（のれん計上額）÷５年（償却年数）＝220

④　開始仕訳（上記仕訳の合算）

（借）	資本金－当期首残高	8,000	（貸）	S　社　株　式	8,300
	利益剰余金－当期首残高	4,620※1		非支配株主持分－当期首残高	5,200※3
	の　れ　ん	880※2			

※1　利益剰余金：4,000（相殺）＋400（利益の按分）＋220（のれん償却額）＝4,620
※2　のれん：1,100（のれん計上額）×４年（未償却年数）／５年（償却年数）＝880
※3　非支配株主持分：13,000（X2.3資本合計）×40％（非持比率）＝5,200

⑵　当期の連結修正仕訳

①　当期利益の按分

（借）	非支配株主に帰属する当期純損益	720	（貸）	非支配株主持分－当期変動額	720

※　1,800（修正後Ｓ社当期利益）×40％（非持比率）＝720

②　当期のれんの償却

（借）	の れ ん 償 却 額	220	（貸）	の　れ　ん	220

※　1,100（のれん計上額）÷５年（償却年数）＝220

3．連結修正仕訳（成果連結）

(1) 内部取引の相殺

(借) 売上高	11,000	(貸) 売上原価	11,000

(2) 商品に係る期首未実現利益の消去及び実現

(借) 利益剰余金－当期首残高	400	(貸) 売上原価	400

※ 2,000（期首商品）×20％（利益率）＝400

(3) 商品に係る期末未実現利益の消去

(借) 売上原価	300	(貸) 商品	300

※ 1,500（期末商品）×20％（利益率）＝300

(4) 債権債務の相殺

(借) 買掛金	3,000	(貸) 売掛金	3,000

(5) 貸倒引当金の修正

(借) 貸倒引当金	60※1	(貸) 利益剰余金－当期首残高	50※2
		貸倒引当金繰入額	10※3

※1 貸倒引当金：3,000（当期相殺額）×２％＝60

※2 利益剰余金：2,500（前期相殺額）×２％＝50

※3 貸倒引当金繰入額：10（差額）

(6) 備品に係る未実現利益の消去

(借) 固定資産売却益	300	(貸) 備品	300

※ 1,500（売却価額）－{2,000（取得原価）－800（減価償却累計額）}＝300

(7) 備品に係る未実現利益の実現

(借) 減価償却累計額	100	(貸) 減価償却費	100

※ 300（未実現利益）÷３年（耐用年数）＝100

4．連結財務諸表

連 結 損 益 計 算 書

×2年4月1日～×3年3月31日　（単位：千円）

売上高	109,000※1
売上原価	101,300※2
売上総利益	7,700
貸倒引当金繰入額	70※3
減価償却費	4,100※4
のれん償却額	220
その他の費用	420※5
営業利益	2,890
固定資産売却益	1,800※6
当期純利益	4,690
非支配株主に帰属する当期純利益	720
親会社株主に帰属する当期純利益	3,970※7

※1　80,000（P社）＋40,000（S社）－11,000（相殺）＝109,000
※2　75,000（P社）＋37,400（S社）－11,000（相殺）－400（期首未実現利益）＋300（期末未実現利益）＝101,300
※3　50（P社）＋30（S社）－10（修正）＝70
※4　2,700（P社）＋1,500（S社）－100（未実現利益の実現）＝4,100
※5　P社及びS社計上額の合計
※6　1,000（P社）＋1,100（S社）－300（未実現利益の消去）＝1,800
※7　3,110（P社）＋1,080（当期取得後剰余金）－220（のれん償却額）＝3,970

連 結 貸 借 対 照 表

×3年3月31日　（単位：千円）

資産の部	金額	負債・純資産の部	金額
現金及び預金	11,200※5	買掛金	17,000※14
売掛金	27,000※8	短期借入金	41,500※5
貸倒引当金	△540※9	負債合計	58,500
商品	20,200※10	資本金	20,000※15
備品	49,700※11	利益剰余金	13,000※16
減価償却累計額	△10,800※12	非支配株主持分	5,920※17
のれん	660※13	純資産合計	38,920
資産合計	97,420	負債・純資産合計	97,420

※8　20,000（P社）＋10,000（S社）－3,000（相殺）＝27,000
※9　400（P社）＋200（S社）－60（修正）＝540
※10　14,000（P社）＋6,500（S社）－300（未実現利益の消去）＝20,200
※11　30,000（P社）＋20,000（S社）－300（未実現利益の消去）＝49,700
※12　6,400（P社）＋4,500（S社）－100（未実現利益の実現）＝10,800
※13　1,100（のれん計上額）×3年（未償却年数）／5年（償却年数）＝660
※14　12,000（P社）＋8,000（S社）－3,000（相殺）＝17,000
※15　P社計上額
※16　12,000（P社）－300（商品）＋60（貸倒引当金）＋600（前期取得後剰余金）
＋1,080（当期取得後剰余金）－220（のれん償却額）×2年＝13,000
※17　14,800（X3.3資本合計）×40％（非持比率）＝5,920

26-8 成果連結②

重要度 A ／□ ／□ ／□

次の〔資料Ⅰ〕～〔資料Ⅲ〕に基づき、〔資料Ⅳ〕に示した当期の連結損益計算書及び連結貸借対照表における①～⑮の金額を答えなさい。なお、解答の金額がマイナスとなる場合には金額の前に△の記号を付すこと。

〔資料Ⅰ〕 留意事項

1．P社及びS社の会計期間は、いずれも３月31日を決算日とする１年であり、当期は×２年４月１日から×３年３月31日までである。

2．P社及びS社の間には、〔資料Ⅱ〕に示されたもの以外の取引はない。

3．S社の資産及び負債には、時価評価による重要な簿価修正はない。

4．のれんは、発生した年度の翌年度から５年間にわたり定額法により償却する。

5．剰余金の配当は行われていない。

6．税効果会計は考慮しない。

〔資料Ⅱ〕 連結財務諸表作成に関する事項

1．P社は×１年３月31日に、S社の発行済株式総数の60％を13,100千円で取得し、S社に対する支配を獲得した。

2．P社及びS社の純資産の推移は次のとおりである。

（P社）　　（単位：千円）

	資本金	利益剰余金	合計
×1年３月31日	30,000	14,000	44,000
×2年３月31日	30,000	17,000	47,000

（S社）　　（単位：千円）

	資本金	利益剰余金	合計
×1年３月31日	14,000	6,500	20,500
×2年３月31日	14,000	9,000	23,000

3．当期中にP社はS社に対して土地（取得原価1,300千円）を1,800千円で売却している。当該土地は当期末現在、企業集団外部に売却されていない。

4．S社は前期よりP社へ商品の一部を掛販売している。当期におけるS社からP社への売上高は20,000千円であった。

5．P社の商品棚卸高に含まれているS社からの仕入分は、次のとおりである。なお、売上総利益率は20％であり、毎期一定である。

期首商品：3,000千円　　期末商品：2,500千円

6．S社の売掛金残高のうちP社に対するものは、次のとおりである。

前期末売掛金：3,000千円　当期末売掛金：2,000千円

7．S社は売掛金の期末残高に対して２％の貸倒引当金を計上している。

〔資料Ⅲ〕 P社及びS社の個別財務諸表

損　益　計　算　書

×2年4月1日～×3年3月31日　(単位：千円)

	P社	S社
売上高	120,000	40,000
売上原価	110,800	35,400
売上総利益	9,200	4,600
貸倒引当金繰入額	160	50
その他の費用	4,840	3,050
営業利益	4,200	1,500
固定資産売却益	800	500
当期純利益	5,000	2,000

貸　借　対　照　表

×3年3月31日　(単位：千円)

資産の部	P社	S社	負債・純資産の部	P社	S社
現金及び預金	3,080	2,240	買掛金	17,000	13,000
売掛金	24,000	16,500	短期借入金	23,500	12,000
貸倒引当金	△480	△240	負債合計	40,500	25,000
商品	22,800	11,500	資本金	30,000	14,000
土地	30,000	20,000	利益剰余金	22,000	11,000
S社株式	13,100	—	純資産合計	52,000	25,000
資産合計	92,500	50,000	負債・純資産合計	92,500	50,000

〔資料Ⅳ〕 連結損益計算書及び連結貸借対照表

連結損益計算書

×2年4月1日～×3年3月31日 （単位：千円）

売上高	（ ① ）
売上原価	（ ② ）
売上総利益	（ ）
貸倒引当金繰入額	（ ③ ）
のれん償却額	（ ④ ）
その他の費用	（ ）
営業利益	（ ）
固定資産売却益	（ ⑤ ）
当期純利益	（ ）
非支配株主に帰属する当期純利益	（ ⑥ ）
親会社株主に帰属する当期純利益	（ ⑦ ）

連結貸借対照表

×3年3月31日 （単位：千円）

資産の部	金額	負債・純資産の部	金額
現金及び預金	（ ）	買掛金	（ ⑬ ）
売掛金	（ ⑧ ）	短期借入金	（ ）
貸倒引当金	（ ⑨ ）	負債合計	（ ）
商品	（ ⑩ ）	資本金	（ ）
土地	（ ⑪ ）	利益剰余金	（ ⑭ ）
のれん	（ ⑫ ）	非支配株主持分	（ ⑮ ）
		純資産合計	（ ）
資産合計	（ ）	負債・純資産合計	（ ）

■解答欄

①		②		③		④	
⑤		⑥		⑦		⑧	
⑨		⑩		⑪		⑫	
⑬		⑭		⑮			

解答・解説 成果連結②

①	140,000	②	126,100	③	230	④	160
⑤	800	⑥	832	⑦	5,588	⑧	38,500
⑨	△680	⑩	33,800	⑪	49,500	⑫	480
⑬	28,000	⑭	23,604	⑮	9,816		

1．タイム・テーブル（単位：千円）

P社

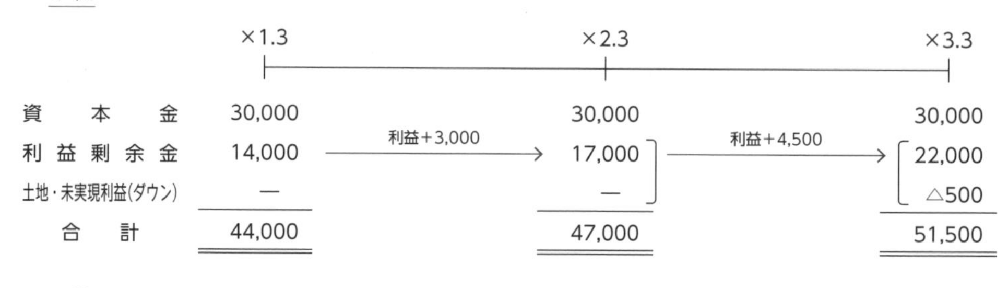

S社

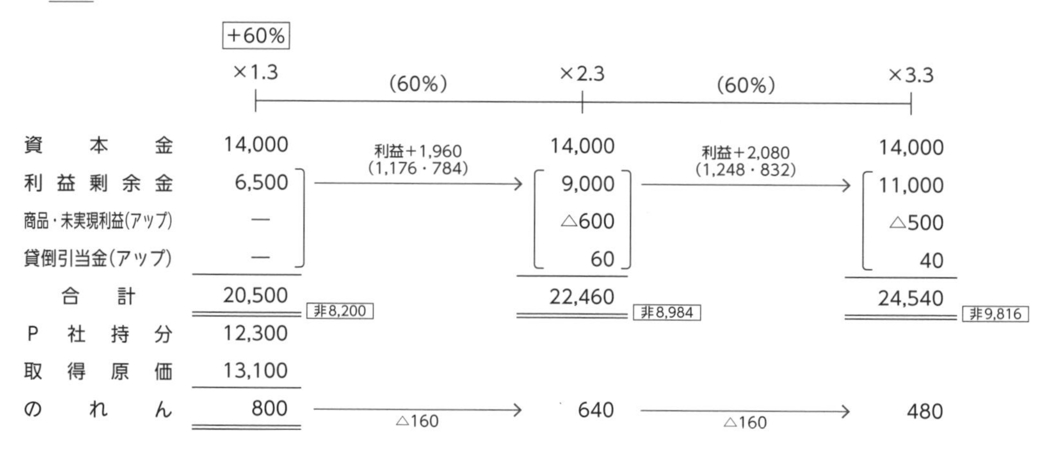

2．連結修正仕訳（資本連結）

(1) 開始仕訳

① 投資と資本の相殺消去

(借)			(貸)		
(借)	資本金－当期首残高	14,000	(貸)	S社株式	13,100
	利益剰余金－当期首残高	6,500		非支配株主持分－当期首残高	8,200※1
	のれん	800※2			

※1 非支配株主持分：20,500（X1.3資本合計）×40％（非持比率）＝8,200

※2 のれん：13,100（S社株式）－20,500（X1.3資本合計）×60％（P社比率）＝800

② 前期利益の按分

(借)			(貸)		
(借)	利益剰余金－当期首残高	784	(貸)	非支配株主持分－当期首残高	784

※ 1,960（修正後S社前期利益）×40％（非持比率）＝784

③ 前期のれんの償却

(借)			(貸)		
(借)	利益剰余金－当期首残高	160	(貸)	のれん	160

※ 800（のれん計上額）÷5年（償却年数）＝160

④ 開始仕訳（上記仕訳の合算）

(借)			(貸)		
(借)	資本金－当期首残高	14,000	(貸)	S社株式	13,100
	利益剰余金－当期首残高	7,444※1		非支配株主持分－当期首残高	8,984※3
	のれん	640※2			

※1 利益剰余金：6,500（相殺）＋784（利益の按分）＋160（のれん償却額）＝7,444

※2 のれん：800（のれん計上額）×4年（未償却年数）／5年（償却年数）＝640

※3 非支配株主持分：22,460（X2.3資本合計）×40％（非持比率）＝8,984

(2) 当期の連結修正仕訳

① 当期利益の按分

(借)			(貸)		
(借)	非支配株主に帰属する当期純損益	832	(貸)	非支配株主持分－当期変動額	832

※ 2,080（修正後S社当期利益）×40％（非持比率）＝832

② 当期のれんの償却

(借)			(貸)		
(借)	のれん償却額	160	(貸)	のれん	160

※ 800（のれん計上額）÷5年（償却年数）＝160

3．連結修正仕訳（成果連結）

(1) 内部取引の相殺

(借) 売上高	20,000	(貸) 売上原価	20,000

(2) 商品に係る期首未実現利益の消去及び実現

(借) 利益剰余金－当期首残高	600	(貸) 売上原価	600

※ 3,000（期首商品）×20%（利益率）＝600

(3) 商品に係る期末未実現利益の消去

(借) 売上原価	500	(貸) 商品	500

※ 2,500（期末商品）×20%（利益率）＝500

(4) 債権債務の相殺

(借) 買掛金	2,000	(貸) 売掛金	2,000

(5) 貸倒引当金の修正

(借) 貸倒引当金	40※1	(貸) 利益剰余金－当期首残高	60※2
貸倒引当金繰入額	20※3		

※1 貸倒引当金：2,000（当期相殺額）×２％＝40
※2 利益剰余金：3,000（前期相殺額）×２％＝60
※3 貸倒引当金繰入額：20（差額）

(6) 土地に係る未実現利益の消去

(借) 固定資産売却益	500	(貸) 土地	500

※ 1,800（売却価額）－1,300（取得原価）＝500

4．連結財務諸表

連結損益計算書

×2年４月１日～×3年３月31日　（単位：千円）

売上高	140,000※1
売上原価	126,100※2
売上総利益	13,900
貸倒引当金繰入額	230※3
のれん償却額	160
その他の費用	7,890※4
営業利益	5,620
固定資産売却益	800※5
当期純利益	6,420
非支配株主に帰属する当期純利益	832
親会社株主に帰属する当期純利益	5,588※6

※1 120,000（Ｐ社）＋40,000（Ｓ社）－20,000（相殺）＝140,000
※2 110,800（Ｐ社）＋35,400（Ｓ社）－20,000（相殺）－600（期首未実現利益）＋500（期末未実現利益）＝126,100
※3 160（Ｐ社）＋50（Ｓ社）＋20（修正）＝230
※4 Ｐ社及びＳ社計上額の合計
※5 800（Ｐ社）＋500（Ｓ社）－500（未実現利益の消去）＝800
※6 4,500（Ｐ社）＋1,248（当期取得後剰余金）－160（のれん償却額）＝5,588

連結貸借対照表

×3年3月31日 (単位：千円)

資産の部	金額	負債・純資産の部	金額
現金及び預金	5,320※4	買掛金	28,000※12
売掛金	38,500※7	短期借入金	35,500※4
貸倒引当金	△680※8	負債合計	63,500
商品	33,800※9	資本金	30,000※13
土地	49,500※10	利益剰余金	23,604※14
のれん	480※11	非支配株主持分	9,816※15
		純資産合計	63,420
資産合計	126,920	負債・純資産合計	126,920

※7　24,000（P社）＋16,500（S社）－2,000（相殺）＝38,500

※8　480（P社）＋240（S社）－40（修正）＝680

※9　22,800（P社）＋11,500（S社）－500（未実現利益の消去）＝33,800

※10　30,000（P社）＋20,000（S社）－500（未実現利益の消去）＝49,500

※11　800（のれん計上額）×3年（未償却年数）／5年（償却年数）＝480

※12　17,000（P社）＋13,000（S社）－2,000（相殺）＝28,000

※13　P社計上額

※14　22,000（P社）－500（土地）＋1,176（前期取得後剰余金）＋1,248（当期取得後剰余金）－160（のれん償却額）×2年＝23,604

※15　24,540（X3.3資本合計）×40％（非持比率）＝9,816

26-9 連結税効果

重要度A　／□　／□　／□

次の〔資料Ⅰ〕～〔資料Ⅳ〕に基づき、〔資料Ⅴ〕に示した当連結会計年度の連結損益計算書及び連結貸借対照表における①～⑯の金額を答えなさい。なお、解答の金額がマイナスとなる場合には金額の前に△の記号を付すこと。また、解答する金額がゼロとなる場合には「－」と解答すること。

〔資料Ⅰ〕　留意事項

1．Ｐ社及びＳ社の会計期間は１年、決算日は毎年３月31日であり、当期は×２年４月１日から×３年３月31日である。
2．のれんは、認識された翌期から５年間で定額法により償却する。
3．連結子会社の留保利益及びのれんの償却額を除き、税効果を考慮する。法定実効税率は35％である。
4．繰延税金資産の回収可能性については問題がないものとする。
5．剰余金の配当は行われていないものとする。

〔資料Ⅱ〕　連結財務諸表作成に関する事項

1．Ｐ社は×１年３月31日に、Ｓ社の発行済株式総数の80％を95,000千円で取得し、同社を子会社とした。なお、×１年３月31日におけるＳ社の株主資本は、資本金50,000千円、資本剰余金10,000千円及び利益剰余金50,000 千円であった。
2．×１年３月31日におけるＳ社の土地（帳簿価額 30,000千円）の時価は35,000千円であった。土地以外のＳ社の資産及び負債には、帳簿価額と時価との間に重要な差異はなかった。
3．×２年３月31日におけるＳ社の株主資本は、資本金50,000千円、資本剰余金10,000千円及び利益剰余金60,000千円であった。また、×２年３月31日におけるＰ社の株主資本は、資本金150,000千円、資本剰余金50,000千円及び利益剰余金200,000千円であった。

〔資料Ⅲ〕 P社とS社の取引

1．P社は前期よりS社へ商品の一部を掛販売している。当期におけるP社からS社への売上高は80,000千円であった。
2．S社の商品棚卸高に含まれているP社からの仕入分は、次のとおりである。なお、売上総利益率は20％であり、毎期一定である。
   期首商品：3,000千円　　期末商品：5,000千円
3．P社の売掛金残高のうちS社に対するものは次のとおりである。
   前期末売掛金：5,000千円　当期末売掛金：8,000千円
4．P社は売掛金の期末残高に対して2％の貸倒引当金を計上している。なお、個別財務諸表上、貸倒引当金繰入超過額は発生しておらず、すべて損金算入されている。

〔資料Ⅳ〕 個別財務諸表

1．損益計算書（自×2年4月1日　至×3年3月31日）　　（単位：千円）

	P社	S社
売上高	870,000	138,000
売上原価	620,000	92,000
貸倒引当金繰入額	1,200	200
その他費用	173,000	34,800
法人税、住民税及び事業税	26,500	3,200
法人税等調整額	△700	△200
当期純利益	50,000	8,000

※　法人税等調整額は貸方残高である。

2．貸借対照表（×3年3月31日現在）　　（単位：千円）

	P社	S社		P社	S社
諸資産	317,150	81,800	諸負債	400,000	10,000
売掛金	160,000	25,000	買掛金	100,000	12,000
貸倒引当金	△3,200	△500	資本金	150,000	50,000
商品	80,000	13,000	資本剰余金	50,000	10,000
土地	300,000	30,000	利益剰余金	250,000	68,000
S社株式	95,000	―			
繰延税金資産	1,050	700			
資産合計	950,000	150,000	負債・純資産合計	950,000	150,000

〔資料Ⅴ〕 連結財務諸表

1．連結損益計算書（自×2年4月1日　至×3年3月31日）　（単位：千円）

科目	金額
売上高	（　①　）
売上原価	（　②　）
貸倒引当金繰入額	（　③　）
のれん償却額	（　④　）
その他費用	（　　）
法人税、住民税及び事業税	（　　）
法人税等調整額	（　⑤　）
当期純利益	（　　）
非支配株主に帰属する当期純利益	（　⑥　）
親会社株主に帰属する当期純利益	（　⑦　）

2．連結貸借対照表（×3年3月31日）　（単位：千円）

科目	金額	科目	金額
諸資産	（　　）	諸負債	（　　）
売掛金	（　⑧　）	買掛金	（　　）
貸倒引当金	（　⑨　）	繰延税金負債	（　⑭　）
商品	（　⑩　）	資本金	（　　）
土地	（　⑪　）	資本剰余金	（　　）
のれん	（　⑫　）	利益剰余金	（　⑮　）
繰延税金資産	（　⑬　）	非支配株主持分	（　⑯　）
資産合計	（　　）	負債・純資産合計	

■解答欄

①		②		③		④	
⑤		⑥		⑦		⑧	
⑨		⑩		⑪		⑫	
⑬		⑭		⑮		⑯	

解答・解説 連結税効果

①	928,000	②	632,400	③	1,340	④	880
⑤	△1,019	⑥	1,600	⑦	55,299	⑧	177,000
⑨	△3,540	⑩	92,000	⑪	335,000	⑫	2,640
⑬	1,344	⑭	1,050	⑮	262,094	⑯	26,250

1．タイム・テーブル（単位：千円）

P社

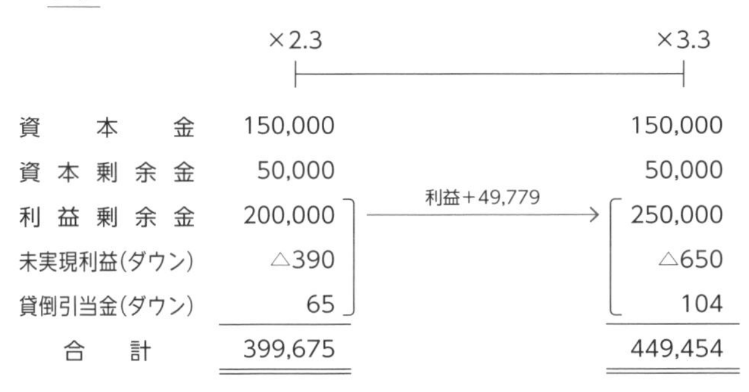

	×2.3		×3.3
資本金	150,000		150,000
資本剰余金	50,000		50,000
利益剰余金	200,000	利益＋49,779 →	250,000
未実現利益(ダウン)	△390		△650
貸倒引当金(ダウン)	65		104
合計	399,675		449,454

S社

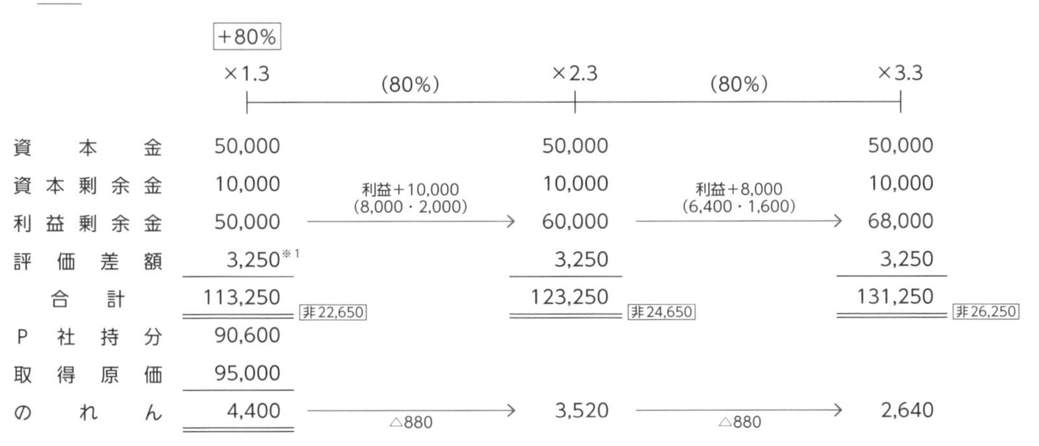

	＋80% ×1.3	(80%)	×2.3	(80%)	×3.3
資本金	50,000		50,000		50,000
資本剰余金	10,000		10,000		10,000
利益剰余金	50,000	利益＋10,000 (8,000・2,000) →	60,000	利益＋8,000 (6,400・1,600) →	68,000
評価差額	3,250※1		3,250		3,250
合計	113,250 非22,650		123,250 非24,650		131,250 非26,250
P社持分	90,600				
取得原価	95,000				
のれん	4,400	△880 →	3,520	△880 →	2,640

※1　評価差額：{35,000（×1.3時価）－30,000（簿価）}×{1－35%（税率）}＝3,250

※　未実現利益及び評価差額について、税引後の金額を記載する点に留意すること。

2．評価差額の計上

(借)	土地	5,000※1	(貸)	繰延税金負債（S社）	1,750※2
				評価差額	3,250※3

※1　土地：35,000（×1.3時価）－30,000（簿価）＝5,000
※2　繰延税金負債：5,000×35％（税率）＝1,750
※3　評価差額：5,000×｛1－35％（税率）｝＝3,250

3．連結修正仕訳（資本連結）

(1)　開始仕訳

①　投資と資本の相殺消去

(借)	資本金－当期首残高	50,000	(貸)	S社株式	95,000
	資本剰余金－当期首残高	10,000		非支配株主持分－当期首残高	22,650※1
	利益剰余金－当期首残高	50,000			
	評価差額	3,250			
	のれん	4,400※2			

※1　非支配株主持分：113,250（X1.3資本合計）×20％（非持比率）＝22,650
※2　のれん：95,000（S社株式）－113,250（X1.3資本合計）×80％（P社比率）＝4,400

②　前期利益の按分

(借)	利益剰余金－当期首残高	2,000	(貸)	非支配株主持分－当期首残高	2,000

※　10,000（S社前期利益）×20％（非持比率）＝2,000

③　前期のれんの償却

(借)	利益剰余金－当期首残高	880	(貸)	のれん	880

※　4,400（のれん計上額）÷5年（償却年数）＝880

④　開始仕訳（上記仕訳の合算）

(借)	資本金－当期首残高	50,000	(貸)	S社株式	95,000
	資本剰余金－当期首残高	10,000		非支配株主持分－当期首残高	24,650※3
	利益剰余金－当期首残高	52,880※1			
	評価差額	3,250			
	のれん	3,520※2			

※1　利益剰余金：50,000（相殺）＋2,000（利益の按分）＋880（のれん償却額）＝52,880
※2　のれん：4,400（のれん計上額）×4年（未償却年数）／5年（償却年数）＝3,520
※3　非支配株主持分：123,250（X2.3資本合計）×20％（非持比率）＝24,650

(2)　当期の連結修正仕訳

①　当期利益の按分

(借)	非支配株主に帰属する当期純損益	1,600	(貸)	非支配株主持分－当期変動額	1,600

※　8,000（S社当期利益）×20％（非持割合）＝1,600

②　当期のれんの償却

(借)	のれん償却額	880	(貸)	のれん	880

※　4,400（のれん計上額）÷5年（償却年数）＝880

4．連結修正仕訳（成果連結）

(1) 内部取引の相殺

(借) 売上高	80,000	(貸) 売上原価	80,000

(2) 期首未実現利益の消去及び実現

(借) 利益剰余金－当期首残高	600※1	(貸) 売上原価	600
(借) 法人税等調整額	210※2	(貸) 利益剰余金－当期首残高	210

※1 期首未実現利益：3,000（期首商品）×20%（利益率）＝600
※2 法人税等調整額：600（期首未実現利益）×35%（税率）＝210

(3) 期末未実現利益の消去

(借) 売上原価	1,000※1	(貸) 商品	1,000
(借) 繰延税金資産（P社）	350	(貸) 法人税等調整額	350※2

※1 期末未実現利益：5,000（期末商品）×20%（利益率）＝1,000
※2 法人税等調整額：1,000（期末未実現利益）×35%（税率）＝350

(4) 債権債務の相殺

(借) 買掛金	8,000	(貸) 売掛金	8,000

(5) 貸倒引当金の修正

(借) 貸倒引当金	160※1	(貸) 利益剰余金－当期首残高	100※2
		貸倒引当金繰入額	60※3
(借) 利益剰余金－当期首残高	35	(貸) 繰延税金負債（P社）	56
法人税等調整額	21		

※1 貸倒引当金：8,000（当期相殺額）×2%＝160
※2 利益剰余金：5,000（前期相殺額）×2%＝100
※3 貸倒引当金繰入額：60（差額）

5．連結財務諸表

連結損益計算書（自×2年4月1日　至×3年3月31日）

科目	金額
売上高	928,000※1
売上原価	632,400※2
貸倒引当金繰入額	1,340※3
のれん償却額	880
その他費用	207,800※4
法人税、住民税及び事業税	29,700※4
法人税等調整額	△1,019※5
当期純利益	56,899
非支配株主に帰属する当期純利益	1,600
親会社株主に帰属する当期純利益	55,299※6

※1 870,000（P社）＋138,000（S社）－80,000（相殺）＝928,000
※2 620,000（P社）＋92,000（S社）－80,000（相殺）－600（未実現利益の実現）＋1,000（期末未実現利益）＝632,400
※3 1,200（P社）＋200（S社）－60（修正）＝1,340
※4 P社及びS社計上額の合計
※5 700（P社）＋200（S社）－210（未実現利益の実現）＋350（未実現利益の消去）－21（貸倒引当金の修正）＝1,019（貸方）
※6 49,779（P社）＋6,400（当期取得後剰余金）－880（のれん償却額）＝55,299

連結貸借対照表

科目	金額	科目	金額
諸資産	398,950※4	諸負債	410,000※4
売掛金	177,000※7	買掛金	104,000※13
貸倒引当金	△3,540※8	繰延税金負債	1,050※14
商品	92,000※9	資本金	150,000※15
土地	335,000※10	資本剰余金	50,000※15
のれん	2,640※11	利益剰余金	262,094※16
繰延税金資産	1,344※12	非支配株主持分	26,250※17
資産合計	1,003,394	負債・純資産合計	1,003,394

※7　160,000（P社）＋25,000（S社）－8,000（相殺）＝177,000

※8　3,200（P社）＋500（S社）－160（修正）＝3,540

※9　80,000（P社）＋13,000（S社）－1,000（未実現利益の消去）＝92,000

※10　300,000（P社）＋30,000（S社）＋5,000（評価差額）＝335,000

※11　4,400（のれん計上額）×３年（未償却年数）／５年（償却年数）＝2,640

※12　1,344（P社繰延税金資産下記図参照）

※13　100,000（P社）＋12,000（S社）－8,000（相殺）＝104,000

※14　1,050（S社繰延税金負債下記図参照）

※15　P社計上額

※16　250,000（P社）－650（未実現利益）＋104（貸倒引当金）＋8,000（前期取得後剰余金）＋6,400（当期取得後剰余金）－880（のれん償却額）×２年＝262,094

※17　131,250（X3.3資本合計）×20％（非持比率）＝26,250

P社		S社	
繰延税金資産	繰延税金負債	繰延税金資産	繰延税金負債
1,400※1	56※2	700※3	1,750※4
繰延税金資産　1,344（純額）		繰延税金負債　1,050（純額）	

※１　P社－繰延税金資産：1,050（P社個別）＋350（未実現利益の消去に係る繰延税金資産）＝1,400

※２　P社－繰延税金負債：56（貸倒引当金の修正に係る繰延税金負債）

※３　S社－繰延税金資産：700（S社個別）

※４　S社－繰延税金負債：1,750（評価差額に係る繰延税金負債）

※　同一納税主体に関する繰延税金資産・繰延税金負債は相殺するが、P社の繰延税金資産及びS社の繰延税金負債は納税主体が異なるため相殺できない。

26-10 理論問題

重要度B　／□　／□　／□

次の文章について、正しいと思うものには○印を、正しくないと思うものには×印を解答欄に記入しなさい。

(1) 親会社とは他の会社を支配している会社をいい、子会社とは当該他の会社をいう。この場合、他の会社を支配しているか否かは、他の会社の議決権の50%超を保有しているかどうかという形式基準にのみ基づいて判断することとなる。

(2) 連結上、親会社の子会社に対する投資とこれに対応する時価評価後の子会社の資本は、相殺消去し、非支配株主の持分については個別貸借対照表上の金額（時価評価前の金額）によって振り替える。

(3) 子会社から親会社に販売した棚卸資産に含まれる未実現利益は、その全額を消去し、親会社の持分と非支配株主の持分とに配分することとなる。

(4) 未実現利益の金額に重要性が乏しい場合には、これを消去しないことができる。

(5) 非支配株主持分は、親会社株主に帰属しない額であり、連結貸借対照表において株主資本に記載するのは不適切である。よって、非支配株主持分は負債の部に記載される。

(6) 連結損益計算書における純損益計算の区分は、経常損益計算の結果を受け、特別利益及び特別損失を記載して税金等調整前当期純利益を表示し、これに法人税等を加減して、親会社株式に帰属する当期純利益を表示する。

(7) のれんは無形固定資産の区分に記載し、のれんの当期償却額は営業外費用の区分に記載する。

(8) 連結会社が振り出した手形を他の連結会社が銀行で割り引いたときは、連結貸借対照表上、これを借入金として処理する。

■解答欄

1		2		3		4		5		6	
7		8									

解答・解説 理論問題

1	×	2	×	3	○	4	○	5	×	6	×
7	×	8	○								

(1) 誤り

実質的な支配関係の有無に基づいて子会社の判定を行う支配力基準を採用している。そのため、議決権の所有割合が50%以下であっても、その会社を事実上支配しているとみなせる場合には、子会社となる。

(2) 誤り

非支配株主の持分に相当する部分についても、時価評価後の金額により振り替える。なお、この方法を全面時価評価法といい、時価評価前の金額で振り替える方法を部分時価評価法という。

(3) 正しい

(4) 正しい

(5) 誤り

非支配株主持分は、純資産の部に独立して記載される。

(6) 誤り

連結損益計算書においては、税金等調整前当期純利益に法人税等を加減して、当期純利益を表示する。そのうえで、当期純利益に非支配株主に帰属する当期純利益を加減して、親会社株主に帰属する当期純利益を表示する。

(7) 誤り

のれんの当期償却額は、販売費及び一般管理費の区分に記載する。

(8) 正しい

第30章

持分法会計

問題	ページ	出題論点
30-1	54	基本的会計処理
30-2	57	持分法会計から連結会計への移行
30-3	62	未実現損益①
30-4	67	未実現損益②
30-5	72	未実現損益・税効果会計①
30-6	78	未実現損益・税効果会計②
30-7	84	理論問題①
30-8	86	理論問題②

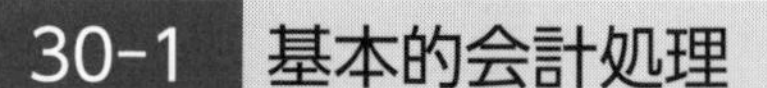

30-1 基本的会計処理

重要度 B　／□　／□　／□

次の〔資料Ⅰ〕及び〔資料Ⅱ〕に基づき、当期の連結財務諸表に計上される各金額を答えなさい。

〔資料Ⅰ〕 留意事項

1．P社及びA社の会計期間は、いずれも3月31日を決算日とする1年間である。なお、当期は×5年度（×5年4月1日から×6年3月31日まで）である。
2．A社の保有する資産と負債については、土地を除き時価に重要な変動はない。
3．のれんは、発生した年度の翌年度から10年間にわたり定額法により償却する。
4．他の連結会社による影響は考慮しない。
5．税効果会計は考慮しない。

〔資料Ⅱ〕 A社に関する事項

1．P社は×4年3月31日に、A社の発行済株式総数の30％を8,700千円で取得し、A社を持分法適用関連会社とした。
2．A社の資産のうち土地の簿価は5,000千円であった。また、当該土地の時価は×4年3月31日において7,000千円であった。なお、A社において土地の追加取得及び売却は行われていない。
3．A社の資本勘定の推移　（単位：千円）

	資本金	利益剰余金	合計
×4年3月31日	10,000	15,000	25,000
×5年3月31日	10,000	18,000	28,000
×6年3月31日	10,000	20,000	30,000

4．A社は次のとおり利益剰余金を財源とする剰余金の配当を行っている。

配当日	配当金
×4年6月25日	2,000千円
×5年6月25日	3,000千円

■解答欄

持分法による投資利益	千円
A社株式	千円

解答・解説　基本的会計処理

持分法による投資利益	1,440千円
A社株式	10,080千円

1．タイム・テーブル（単位：千円）

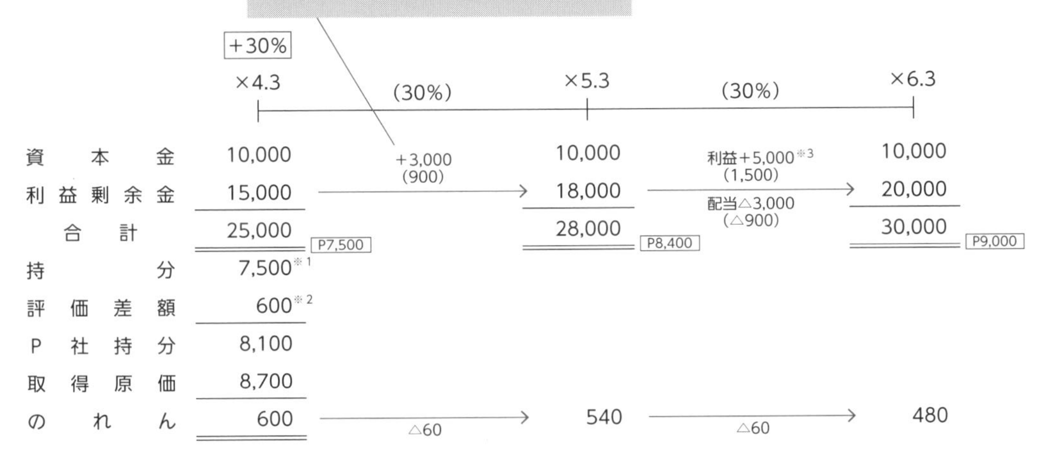

※1　持分：25,000（X4.3資本合計）×30%（X4.3取得）＝7,500
※2　評価差額：{7,000（X4.3時価）－5,000（簿価）}×30%（X4.3取得）＝600
※3　当期利益：20,000（X6.3利益剰余金）－18,000（X5.3利益剰余金）＋3,000（当期配当）＝5,000

2．持分法適用仕訳

(1)　×４年３月31日ののれんの算定

8,700（取得原価）－8,100（Ｐ社持分）＝600

(2)　開始仕訳

①　前期利益剰余金の計上

(借)	A社株式	900	(貸)	利益剰余金－当期首残高	900

※　3,000（前期利益剰余金増加額）×30％（Ｐ社比率）＝900

②　前期のれんの償却

(借)	利益剰余金－当期首残高	60	(貸)	A社株式	60

※　600（のれん計上額）÷10年（償却年数）＝60

③　開始仕訳（上記仕訳の合算）

(借)	A社株式	840	(貸)	利益剰余金－当期首残高	840

(3)　当期利益の計上

(借)	A社株式	1,500	(貸)	持分法による投資損益	1,500

※　5,000（A社当期利益）×30％（Ｐ社比率）＝1,500

(4)　剰余金の配当の修正

(借)	受取配当金	900	(貸)	A社株式	900

※　3,000（A社配当）×30％（Ｐ社比率）＝900

(5)　当期のれんの償却

(借)	持分法による投資損益	60	(貸)	A社株式	60

※　600（のれん計上額）÷10年（償却年数）＝60

3．連結財務諸表計上額

持分法による投資利益：1,500（利益の計上）－60（のれん償却額）＝1,440

Ａ社株式：8,700（30％分取得原価）＋840（開始仕訳）＋1,500（利益の計上）

－900（受取配当金）－60（のれん償却額）＝10,080

又は

30,000（X6.3資本合計）×30％（Ｐ社比率）＋600（X4.3評価差額）

＋480（X6.3のれん未償却残高）＝10,080

30-2 持分法会計から連結会計への移行 重要度B ／□ ／□ ／□

次の〔資料Ⅰ〕～〔資料Ⅲ〕に基づき、各問に答えなさい。

〔資料Ⅰ〕 留意事項

1．P社及びS社の会計期間は、ともに4月1日から3月31日までとする。
2．S社の土地以外の資産および負債には、時価評価による重要な簿価修正はない。
3．P社とS社間の取引はない。
4．P社及びS社ともに剰余金からの社外流出は行われていない。
5．のれんは発生した年度の翌期から5年間にわたり定額法により償却する。
6．S社の資産および負債の時価評価による簿価修正額についてのみ税効果を認識する。なお、法定実効税率は30%とする。
7．繰延税金資産の回収可能性に問題はない。
8．他の連結会社による影響は考慮しない。

〔資料Ⅱ〕 連結財務諸表作成に関する事項

1．×1年3月31日に、P社はS社の発行済株式総数の20%を27,000千円で取得し、S社を持分法適用関連会社とした。
2．×2年3月31日に、P社はS社の発行済株式総数の60%を72,000千円で取得し、S社を子会社とした。
3．S社の土地の簿価は148,000千円であった。また、土地の時価は×1年3月31日においては151,000千円、×2年3月31日においては152,000千円であった。なお、S社において土地の追加取得及び売却は行われていない。
4．S社の純資産の推移 (単位：千円)

	資本金	利益剰余金	合計
×1年3月31日	80,000	25,000	105,000
×2年3月31日	80,000	32,000	112,000
×3年3月31日	80,000	41,000	121,000

〔資料Ⅲ〕×２年度のＰ社及びＳ社の個別財務諸表

損益計算書

×2年４月１日～×3年３月31日 (単位：千円)

科目	Ｐ社	Ｓ社	科目	Ｐ社	Ｓ社
諸費用	1,282,000	166,000	諸収益	1,350,000	175,000
当期純利益	68,000	9,000			
合計	1,350,000	175,000	合計	1,350,000	175,000

貸借対照表

×3年３月31日 (単位：千円)

科目	Ｐ社	Ｓ社	科目	Ｐ社	Ｓ社
諸資産	1,524,000	96,000	諸負債	975,000	123,000
土地	320,000	148,000	資本金	600,000	80,000
Ｓ社株式	99,000	—	利益剰余金	368,000	41,000
合計	1,943,000	244,000	合計	1,943,000	244,000

〔資料Ⅳ〕×２年度の連結損益計算書及び連結貸借対照表

連結損益計算書

×2年４月１日～×3年３月31日 (単位：千円)

科目	金額	科目	金額
諸費用	(　　)	諸収益	(　　)
のれん償却額	(　①　)		
非支配株主に帰属する当期純利益	(　②　)		
親会社株主に帰属する当期純利益	(　③　)		
合計	(　　)	合計	(　　)

連結貸借対照表

×3年３月31日 (単位：千円)

科目	金額	科目	金額
諸資産	(　　)	諸負債	(　　)
土地	(　④　)	資本金	(　　)
のれん	(　⑤　)	利益剰余金	(　⑥　)
		非支配株主持分	(　⑦　)
合計	(　　)	合計	(　　)

問１　×１年度の連結損益計算書における①及び②の金額を答えなさい。

①　段階取得に係る差損

②　持分法による投資利益

問２　〔資料Ⅳ〕に示した連結損益計算書及び連結貸借対照表における①～⑦の金額を答えなさい。

■解答欄

問１

①		②	

問２

①		②		③		④	
⑤		⑥		⑦			

解答・解説　持分法会計から連結会計への移行

問１

①	3,284	②	284

問２

①	832	②	1,800	③	74,368	④	472,000
⑤	3,328	⑥	371,368	⑦	24,760		

1．タイム・テーブル（単位：千円）

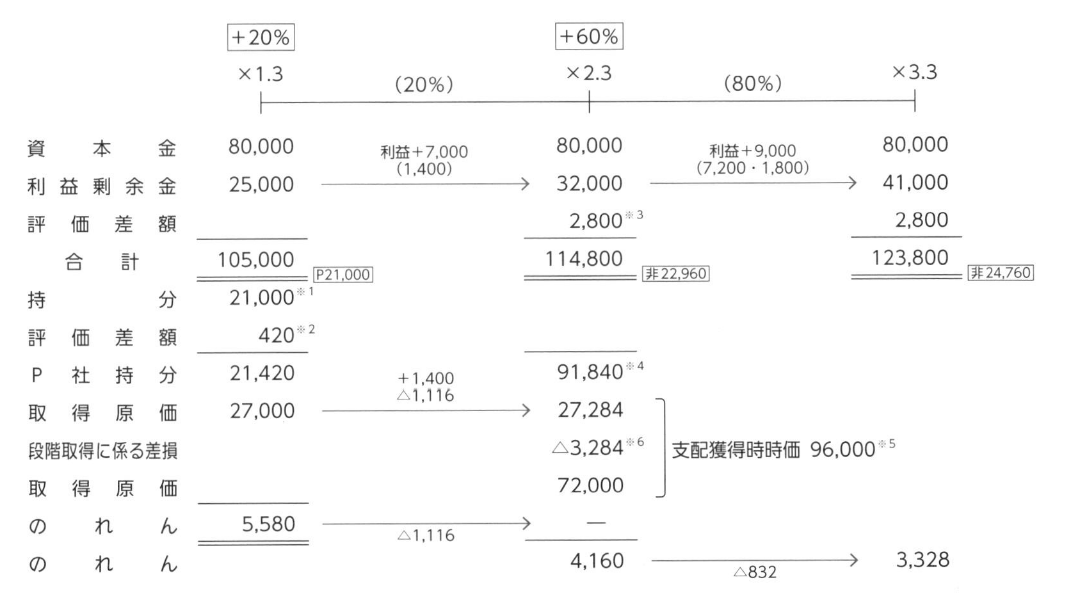

※１　持分：105,000（X1.3資本合計）×20%（X1.3取得）＝21,000

※２　評価差額：{151,000（X1.3時価）－148,000（簿価）}×20%（X1.3取得）×{１－30%（税率）}＝420

※３　評価差額：{152,000（X2.3時価）－148,000（簿価）}×{１－30%（税率）}＝2,800

※４　Ｐ社持分：114,800（X2.3資本合計）×80%（X2.3持分）＝91,840

※５　X2.3時価：72,000（60%分取得原価）÷60%（X2.3取得）×80%（X2.3持分）＝96,000

※６　段階差損：96,000（X2.3時価※５）－{27,284（X2.3持分法評価額）＋72,000（60%分取得原価）}＝△3,284

2．評価差額の計上

(借)	土　　地	4,000	(貸)	諸負債（繰延税金負債）	1,200※1
				評　価　差　額	2,800※2

※1　諸負債（繰延税金負債）：{152,000（X2.3時価）－148,000（簿価）}×30％（税率）＝1,200
※2　評価差額：{152,000（X2.3時価）－148,000（簿価）}×{1－30％（税率）}＝2,800

3．連結修正仕訳等

(1)　×1年3月31日ののれんの算定

27,000（取得原価）－21,420（P社持分）＝5,580

(2)　開始仕訳

①　前期利益の計上

(借)	S　社　株　式	1,400	(貸)	利益剰余金－当期首残高	1,400

※　7,000（前期S社利益）×20％（段階取得前P社比率）＝1,400

②　前期のれんの償却

(借)	利益剰余金－当期首残高	1,116	(貸)	S　社　株　式	1,116

※　5,580（のれん計上額）÷5年（償却年数）＝1,116

③　段階取得に係る差損の計上

(借)	利益剰余金－当期首残高	3,284	(貸)	S　社　株　式	3,284

※　段階取得に係る差損：96,000（X2.3時価※1）－99,284（持分法上の簿価※2）＝△3,284
※1　X2.3時価：72,000（60％分取得原価）÷60％（X2.3取得）×80％（X2.3持分）＝96,000
※2　持分法上の簿価：99,000（取得原価合計）＋1,400（利益の計上）－1,116（のれん償却額）＝99,284
又は
72,000（60％分取得原価）＋27,284（20％分持分法評価額）＝99,284

④　投資と資本の相殺消去

(借)	資　本　金－当期首残高	80,000	(貸)	S　社　株　式	96,000※1
	利益剰余金－当期首残高	32,000		非支配株主持分－当期首残高	22,960※3
	評　価　差　額	2,800			
	の　れ　ん	4,160※2			

※1　S社株式：96,000（X2.3時価）
※2　のれん：96,000（S社株式）－114,800（X2.3資本合計）×80％（段階取得後P社比率）＝4,160
※3　非支配株主持分：114,800（X2.3資本合計）×20％（段階取得後非持比率）＝22,960

⑤　開始仕訳（上記仕訳の合算）

(借)	資　本　金－当期首残高	80,000	(貸)	S　社　株　式	99,000
	利益剰余金－当期首残高	35,000		非支配株主持分－当期首残高	22,960
	評　価　差　額	2,800			
	の　れ　ん	4,160			

(3) 当期の連結修正仕訳

① 当期利益の按分

(借) 非支配株主に帰属する当期純損益	1,800	(貸) 非支配株主持分－当期変動額	1,800

※ 9,000（S社当期利益）×20%（非持比率）＝1,800

② 当期のれんの償却

(借) のれん償却額	832	(貸) のれん	832

※ 4,160（のれん計上額）÷5年（償却年数）＝832

4．×1年度連結損益計算書計上額（問1の解答）

段階取得に係る差損：3,284

持分法による投資利益：1,400（利益の計上）－1,116（のれん償却額）＝284

5．連結損益計算書及び連結貸借対照表（問2の解答）

連結損益計算書

×2年4月1日～×3年3月31日

科目	金額	科目	金額
諸費用	1,448,000※1	諸収益	1,525,000※1
のれん償却額	832		
非支配株主に帰属する当期純利益	1,800		
親会社株主に帰属する当期純利益	74,368※2		
合計	1,525,000	合計	1,525,000

※1 P社及びS社計上額の合計

※2 68,000（P社）＋7,200（当期取得後剰余金）－832（のれん償却額）＝74,368

連結貸借対照表

×3年3月31日

科目	金額	科目	金額
諸資産	1,620,000※1	諸負債	1,099,200※5
土地	472,000※3	資本金	600,000※6
のれん	3,328※4	利益剰余金	371,368※7
		非支配株主持分	24,760※8
合計	2,095,328	合計	2,095,328

※3 320,000（P社）＋148,000（S社）＋4,000（評価差額）＝472,000

※4 4,160（のれん計上額）×4年（未償却年数）／5年（償却年数）＝3,328

※5 975,000（P社）＋123,000（S社）＋1,200（繰延税金負債）＝1,099,200

※6 P社計上額

※7 368,000（P社）＋1,400（前期利益の計上）－1,116（前期のれん償却額）
－3,284（段階差損）＋7,200（当期取得後剰余金）－832（当期のれん償却額）＝371,368

※8 123,800（X3.3資本合計）×20%（非持比率）＝24,760

30-3 未実現損益①

重要度C　／□　／□　／□

次の〔資料Ⅰ〕～〔資料Ⅲ〕に基づき、〔資料Ⅳ〕に示した連結損益計算書及び連結貸借対照表における①～⑪の金額を答えなさい。なお、解答する金額がマイナスとなる場合には、金額の前に「△」の記号を付すこと。

〔資料Ⅰ〕 留意事項

1．P社とA社の会計期間は、いずれも３月31日を決算日とする１年間である。当期は、×３年度（×３年４月１日から×４年３月31日まで）である。
2．P社とA社の間には、〔資料Ⅱ〕に示されたもの以外の取引関係はない。
3．のれんは、発生した年度の翌年度から、10年間にわたり定額法により償却する。
4．A社の資産及び負債には、時価評価による重要な簿価修正はない。
5．税効果会計は考慮しない。
6．剰余金の配当は行われていない。
7．他の連結会社による影響は考慮しない。

〔資料Ⅱ〕 連結財務諸表作成に関する事項

1．P社は、×２年３月31日にA社の発行済株式総数の40％を9,200千円で取得し、A社を持分法適用関連会社とした。
2．P社とA社の純資産額の推移は次のとおりである。

（P社）　　（単位：千円）

	資本金	利益剰余金
×2年３月31日	100,000	60,000
×3年３月31日	100,000	90,000
×4年３月31日	100,000	120,000

（A社）　　（単位：千円）

	資本金	利益剰余金
×2年３月31日	10,000	12,000
×3年３月31日	10,000	15,000
×4年３月31日	10,000	19,000

3．当期首にA社はP社に対して土地（帳簿価額1,000千円）を1,300千円で売却し、売却益300千円を計上している。P社は当期末現在、当該土地を企業集団外部に売却せず、保有している。
4．P社は前期よりA社へ商品の一部を掛販売している。当期におけるP社からA社への売上高は5,000千円であった。
5．A社の商品棚卸高に含まれているP社からの仕入分は次のとおりである。なお、売上総利益率は20％であり、毎期一定である。
　前期末商品：1,000千円　　当期末商品：2,000千円
6．P社の売掛金残高のうちA社に対するものは次のとおりである。
　前期末売掛金：1,200千円　当期末売掛金：1,500千円
7．P社及びA社は売掛金の期末残高に対して２％の貸倒引当金を計上している。

〔資料Ⅲ〕　P社とA社の個別財務諸表

損　益　計　算　書

自×3年4月1日　至×4年3月31日（単位：千円）

	P社	A社
売上高	400,000	80,000
売上原価	300,000	60,000
売上総利益	100,000	20,000
固定資産売却益	10,000	2,000
その他費用	80,000	18,000
当期純利益	30,000	4,000

貸　借　対　照　表

×4年3月31日　（単位：千円）

資産の部	P社	A社	負債・純資産の部	P社	A社
諸資産	132,000	14,200	買掛金	50,000	8,000
売掛金	60,000	10,000	短期借入金	60,000	13,000
貸倒引当金	△1,200	△200	負債合計	110,000	21,000
商品	50,000	6,000	資本金	100,000	10,000
土地	80,000	20,000	利益剰余金	120,000	19,000
A社株式	9,200	―	純資産合計	220,000	29,000
資産合計	330,000	50,000	負債・純資産合計	330,000	50,000

〔資料Ⅳ〕　連結財務諸表

連結損益計算書

自×3年4月1日　至×4年3月31日（単位：千円）

	P社
売上高	（　①　）
売上原価	（　②　）
売上総利益	（　　　）
持分法による投資利益	（　③　）
固定資産売却益	（　④　）
その他費用	（　　　）
当期純利益	（　　　）
親会社株主に帰属する当期純利益	（　⑤　）

連結貸借対照表

×4年3月31日　（単位：千円）

資産の部	金額	負債・純資産の部	金額
諸資産	（　　　）	買掛金	（　　　）
売掛金	（　⑥　）	短期借入金	（　　　）
貸倒引当金	（　⑦　）	負債合計	（　　　）
商品	（　⑧　）	資本金	（　　　）
土地	（　⑨　）	利益剰余金	（　⑪　）
A社株式	（　⑩　）	純資産合計	（　　　）
資産合計	（　　　）	負債・純資産合計	（　　　）

■解答欄

①		②		③		④	
⑤		⑥		⑦		⑧	
⑨		⑩		⑪			

解答・解説　未実現損益①

①	399,920	②	300,000	③	1,440	④	10,000
⑤	31,360	⑥	60,000	⑦	△1,200	⑧	50,000
⑨	79,880	⑩	11,760	⑪	122,440		

1．タイム・テーブル（単位：千円）

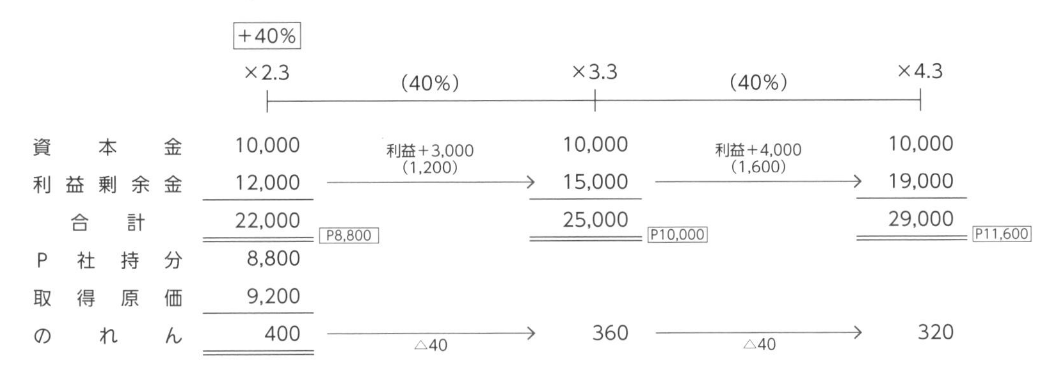

2．持分法適用仕訳

(1)　×２年３月31日ののれんの算定

9,200（取得原価）－8,800（Ｐ社持分）＝400

(2)　開始仕訳

①　前期利益の計上

（借）A　社　株　式	1,200	（貸）利益剰余金－当期首残高	1,200

※　3,000（前期利益剰余金増加額）×40％（Ｐ社比率）＝1,200

②　前期のれんの償却

（借）利益剰余金－当期首残高	40	（貸）A　社　株　式	40

※　400（のれん計上額）÷10年（償却年数）＝40

③　開始仕訳（上記仕訳の合算）

（借）A　社　株　式	1,160	（貸）利益剰余金－当期首残高	1,160

(3)　当期利益の計上

（借）A　社　株　式	1,600	（貸）持分法による投資損益	1,600

※　4,000（Ａ社当期利益）×40％（Ｐ社比率）＝1,600

(4)　当期のれんの償却

（借）持分法による投資損益	40	（貸）A　社　株　式	40

※　400（のれん計上額）÷10年（償却年数）＝40

(5)　商品に係る期首未実現利益の消去及び実現（ダウンストリーム）

（借）利益剰余金－当期首残高	80	（貸）売　上　高	80

※　1,000（期首商品）×20％（利益率）×40％（Ｐ社比率）＝80

(6) 商品に係る期末未実現利益の消去（ダウンストリーム）

(借) 売　上　高	160	(貸) A　社　株　式	160

※　2,000（期末商品）×20%（利益率）×40%（P社比率）=160

(7) 土地に係る未実現利益の消去（アップストリーム）

(借) 持分法による投資損益	120	(貸) 土　　地	120

※　300（土地売却益）×40%（P社比率）=120

※　A社の財務諸表は合算しないため、内部取引の相殺、債権債務の相殺を行わない。また、債権(売掛金)の相殺をしないため売掛金に対する貸倒引当金の消去も行わない点に留意すること。

3．連結損益計算書及び連結貸借対照表

連 結 損 益 計 算 書

自×3年4月1日　至×4年3月31日

	P社
売上高	399,920※1
売上原価	300,000※2
売上総利益	99,920
持分法による投資利益	1,440※3
固定資産売却益	10,000※2
その他費用	80,000※2
当期純利益	31,360
親会社株主に帰属する当期純利益	31,360※4

※1　400,000（P社）+80（商品に係る未実現利益の実現）−160（商品に係る未実現利益の消去）=399,920

※2　P社計上額

※3　1,600（利益の計上）−40（のれん償却額）−120（土地に係る未実現利益の消去）=1,440

※4　30,000（P社）+1,600（利益の計上）−40（のれん償却額）
　　+80（商品に係る未実現利益の実現）−160（商品に係る未実現利益の消去）−120（土地に係る未実現利益の消去）=31,360

連 結 貸 借 対 照 表

×4年3月31日

資産の部	金額	負債・純資産の部	金額
諸資産	132,000※2	買掛金	50,000※2
売掛金	60,000※2	短期借入金	60,000※2
貸倒引当金	△1,200※2	負債合計	110,000
商品	50,000※2	資本金	100,000※2
土地	79,880※5	利益剰余金	122,440※7
A社株式	11,760※6	純資産合計	222,440
資産合計	332,440	負債・純資産合計	332,440

※5　80,000（P社）−120（土地に係る未実現利益の消去）=79,880

※6　9,200（取得原価）+1,160（開始仕訳）+1,600（利益の計上）−40（のれん償却額）
−160（商品に係る未実現利益の消去）=11,760

又は

29,000（X4.3資本合計）×40%（P社比率）+320（X4.3のれん未償却残高）−160（商品に係る未実現利益の消去）=11,760

※7　120,000（P社）+1,160（開始仕訳）+1,600（利益の計上）−40（のれん償却額）−160（商品に係る未実現利益の消去）
−120（土地に係る未実現利益の消去）=122,440

※　A社の個別財務諸表は合算しない点に留意すること。

30-4 未実現損益②

重要度C ＿/□ ＿/□ ＿/□

次の〔資料Ⅰ〕～〔資料Ⅲ〕に基づき、〔資料Ⅳ〕に示した連結損益計算書及び連結貸借対照表における①～⑪の金額を答えなさい。なお、解答する金額がマイナスとなる場合には、金額の前に「△」の記号を付すこと。

〔資料Ⅰ〕 留意事項

1．P社とA社の会計期間は、いずれも3月31日を決算日とする1年間である。当期は、×3年度（×3年4月1日から×4年3月31日まで）である。

2．P社とA社の間には、〔資料Ⅱ〕に示されたもの以外の取引関係はない。

3．のれんは、発生した年度の翌年度から、10年間にわたり定額法により償却する。

4．A社の資産及び負債には、時価評価による重要な簿価修正はない。

5．税効果会計は考慮しない。

6．剰余金の配当は行われていない。

7．他の連結会社による影響は考慮しない。

〔資料Ⅱ〕 連結財務諸表作成に関する事項

1．P社は、×2年3月31日にA社の発行済株式総数の40％を9,200千円で取得し、A社を持分法適用関連会社とした。

2．P社とA社の純資産額の推移は次のとおりである。

（P社）　　　　　　　　（単位：千円）

	資本金	利益剰余金
×2年3月31日	100,000	60,000
×3年3月31日	100,000	90,000
×4年3月31日	100,000	120,000

（A社）　　　　　　　　（単位：千円）

	資本金	利益剰余金
×2年3月31日	10,000	12,000
×3年3月31日	10,000	15,000
×4年3月31日	10,000	19,000

3．当期首にP社はA社に対して土地（帳簿価額1,000千円）を1,300千円で売却し、売却益300千円を計上している。A社は当期末現在、当該土地を企業集団外部に売却せず、保有している。

4．A社は前期よりP社へ商品の一部を掛販売している。当期におけるA社からP社への売上高は5,000千円であった。

5．P社の商品棚卸高に含まれているA社からの仕入分は次のとおりである。なお、売上総利益率は20％であり、毎期一定である。

前期末商品：1,000千円　　当期末商品：2,000千円

6．A社の売掛金残高のうちP社に対するものは次のとおりである。

前期末売掛金：1,200千円　当期末売掛金：1,500千円

7．P社及びA社は売掛金の期末残高に対して2％の貸倒引当金を計上している。

〔資料Ⅲ〕　P社とA社の個別財務諸表

損　益　計　算　書

自×3年4月1日　至×4年3月31日（単位：千円）

	P社	A社
売上高	400,000	80,000
売上原価	300,000	60,000
売上総利益	100,000	20,000
固定資産売却益	10,000	2,000
その他費用	80,000	18,000
当期純利益	30,000	4,000

貸　借　対　照　表

×4年3月31日　（単位：千円）

資産の部	P社	A社	負債・純資産の部	P社	A社
諸資産	132,000	14,200	買掛金	50,000	8,000
売掛金	60,000	10,000	短期借入金	60,000	13,000
貸倒引当金	△1,200	△200	負債合計	110,000	21,000
商品	50,000	6,000	資本金	100,000	10,000
土地	80,000	20,000	利益剰余金	120,000	19,000
A社株式	9,200	―	純資産合計	220,000	29,000
資産合計	330,000	50,000	負債・純資産合計	330,000	50,000

〔資料Ⅳ〕 連結財務諸表

連結損益計算書
自×3年4月1日 至×4年3月31日 (単位：千円)

	P社
売上高	(①)
売上原価	(②)
売上総利益	( )
持分法による投資利益	(③)
固定資産売却益	(④)
その他費用	( )
当期純利益	( )
親会社株主に帰属する当期純利益	(⑤)

連結貸借対照表
×4年3月31日 (単位：千円)

資産の部	金額	負債・純資産の部	金額
諸資産	( )	買掛金	( )
売掛金	(⑥)	短期借入金	( )
貸倒引当金	(⑦)	負債合計	( )
商品	(⑧)	資本金	( )
土地	(⑨)	利益剰余金	(⑪)
A社株式	(⑩)	純資産合計	( )
資産合計	( )	負債・純資産合計	( )

■解答欄

①		②		③		④	
⑤		⑥		⑦		⑧	
⑨		⑩		⑪			

解答・解説　未実現損益②

①	400,000	②	300,000	③	1,480	④	9,880
⑤	31,360	⑥	60,000	⑦	△1,200	⑧	49,840
⑨	80,000	⑩	11,800	⑪	122,440		

1．タイム・テーブル（単位：千円）

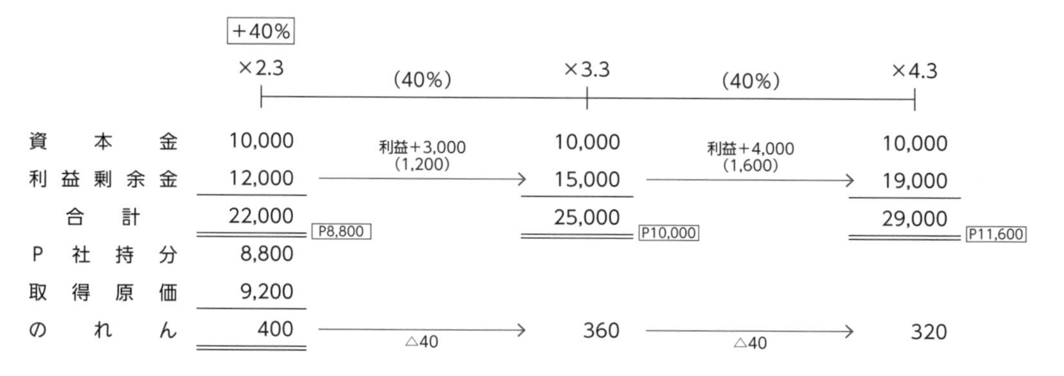

2．持分法適用仕訳

(1)　×2年3月31日ののれんの算定

9,200（取得原価）－8,800（P社持分）＝400

(2)　開始仕訳

①　前期利益の計上

(借)	A社株式	1,200	(貸)	利益剰余金－当期首残高	1,200

※　3,000（前期利益剰余金増加額）×40%（P社比率）＝1,200

②　前期のれんの償却

(借)	利益剰余金－当期首残高	40	(貸)	A社株式	40

※　400（のれん計上額）÷10年（償却年数）＝40

③　開始仕訳（上記仕訳の合算）

(借)	A社株式	1,160	(貸)	利益剰余金－当期首残高	1,160

(3)　当期利益の計上

(借)	A社株式	1,600	(貸)	持分法による投資損益	1,600

※　4,000（A社当期利益）×40%（P社比率）＝1,600

(4)　当期のれんの償却

(借)	持分法による投資損益	40	(貸)	A社株式	40

※　400（のれん計上額）÷10年（償却年数）＝40

(5)　商品に係る期首未実現利益の消去及び実現（アップストリーム）

(借)	利益剰余金－当期首残高	80	(貸)	持分法による投資損益	80

※　1,000（期首商品）×20%（利益率）×40%（P社比率）＝80

(6) 商品に係る期末未実現利益の消去（アップストリーム）

(借) 持分法による投資損益	160	(貸) 商　　　品	160

※　2,000（期末商品）×20%（利益率）×40%（Ｐ社比率）＝160

(7) 土地に係る未実現利益の消去（ダウンストリーム）

(借) 固定資産売却益	120	(貸) Ａ　社　株　式	120

※　300（土地売却益）×40%（Ｐ社比率）＝120

3．連結損益計算書及び連結貸借対照表

連結損益計算書
自×3年4月1日　至×4年3月31日

	Ｐ社
売上高	400,000※1
売上原価	300,000※1
売上総利益	100,000
持分法による投資利益	1,480※2
固定資産売却益	9,880※3
その他費用	80,000※1
当期純利益	31,360
親会社株主に帰属する当期純利益	31,360※4

※1　Ｐ社計上額
※2　1,600（利益の計上）－40（のれん償却額）＋80（商品に係る未実現利益の実現）
－160（商品に係る未実現利益の消去）＝1,480
※3　10,000（Ｐ社）－120（土地に係る未実現利益の消去）＝9,880
※4　30,000（Ｐ社）＋1,600（利益の計上）－40（のれん償却額）
＋80（商品に係る未実現利益の実現）－160（商品に係る未実現利益の消去）－120（土地に係る未実現利益の消去）＝31,360

連結貸借対照表
×4年3月31日

資産の部	金額	負債・純資産の部	金額
諸資産	132,000※1	買掛金	50,000※1
売掛金	60,000※1	短期借入金	60,000※1
貸倒引当金	△1,200※1	負債合計	110,000
商品	49,840※5	資本金	100,000※1
土地	80,000※1	利益剰余金	122,440※7
Ａ社株式	11,800※6	純資産合計	222,440
資産合計	332,440	負債・純資産合計	332,440

※5　50,000（Ｐ社）－160（商品に係る未実現利益の消去）＝49,840
※6　9,200（取得原価）＋1,160（開始仕訳）＋1,600（利益の計上）－40（のれん償却額）
－120（土地に係る未実現利益の消去）＝11,800
又は
29,000（X4.3資本合計）×40%（Ｐ社比率）＋320（X4.3のれん未償却残高）
－120（土地に係る未実現利益の消去）＝11,800
※7　120,000（Ｐ社）＋1,160（開始仕訳）＋1,600（利益の計上）－40（のれん償却額）－160（商品に係る未実現利益の消去）
－120（土地に係る未実現利益の消去）＝122,440

30-5 未実現損益・税効果会計①

重要度C ／□ ／□ ／□

次の〔資料Ⅰ〕～〔資料Ⅲ〕に基づき、〔資料Ⅳ〕に示した連結損益計算書及び連結貸借対照表における①～⑧の金額を答えなさい。なお、解答する金額がマイナスとなる場合には、金額の前に「△」の記号を付すこと。

〔資料Ⅰ〕 留意事項

1．P社とA社の会計期間は、いずれも3月31日を決算日とする1年間である。当期は、×3年度（×3年4月1日から×4年3月31日まで）である。
2．P社とA社の間には、〔資料Ⅱ〕に示されたもの以外の取引関係はない。
3．のれんは、発生した年度の翌年度から、10年間にわたり定額法により償却する。
4．A社の資産及び負債には、時価評価による重要な簿価修正はない。
5．P社及びA社の法定実効税率は30%とし、税効果会計を適用する。ただし、連結財務諸表作成上の修正にあたっては、〔資料Ⅱ〕に示された一時差異のみを認識する。
6．繰延税金資産の回収可能性に問題はない。
7．剰余金の配当は行われていない。
8．他の連結会社による影響は考慮しない。

〔資料Ⅱ〕 連結財務諸表作成に関する事項

1．P社は、×2年3月31日にA社の発行済株式総数の40%を9,200千円で取得し、A社を持分法適用関連会社とした。
2．P社とA社の純資産額の推移は次のとおりである。

（P社）　　　　　　（単位：千円）

	資本金	利益剰余金
×2年3月31日	100,000	60,000
×3年3月31日	100,000	90,000
×4年3月31日	100,000	120,000

（A社）　　　　　　（単位：千円）

	資本金	利益剰余金
×2年3月31日	10,000	12,000
×3年3月31日	10,000	15,000
×4年3月31日	10,000	19,000

3．当期首にA社はP社に対して土地（帳簿価額1,000千円）を1,300千円で売却し、売却益300千円を計上している。P社は当期末現在、当該土地を企業集団外部に売却せず、保有している。
4．P社は前期よりA社へ商品の一部を掛販売しており、A社の商品棚卸高に含まれているP社からの仕入分は次のとおりである。なお、売上総利益率は20%であり、毎期一定である。

前期末商品：1,000千円　　当期末商品：2,000千円

〔資料Ⅲ〕 P社とA社の個別財務諸表

損益計算書

自×3年4月1日 至×4年3月31日（単位：千円）

	P社	A社
売上高	400,000	80,000
売上原価	300,000	60,000
売上総利益	100,000	20,000
固定資産売却益	10,000	2,000
その他費用	67,000	16,000
税引前当期純利益	43,000	6,000
法人税、住民税及び事業税	14,000	2,200
法人税等調整額	△1,000	△200
当期純利益	30,000	4,000

貸借対照表

×4年3月31日（単位：千円）

資産の部	P社	A社	負債・純資産の部	P社	A社
諸資産	188,800	23,400	諸負債	110,000	21,000
商品	50,000	6,000	負債合計	110,000	21,000
土地	80,000	20,000	資本金	100,000	10,000
A社株式	9,200	—	利益剰余金	120,000	19,000
繰延税金資産	2,000	600	純資産合計	220,000	29,000
資産合計	330,000	50,000	負債・純資産合計	330,000	50,000

〔資料Ⅳ〕 連結財務諸表

連 結 損 益 計 算 書

自×3年４月１日 至×4年３月31日（単位：千円）

	P社
売上高	（ ① ）
売上原価	（ ）
売上総利益	（ ）
持分法による投資利益	（ ② ）
固定資産売却益	（ ）
その他費用	（ ）
税金等調整前当期純利益	（ ）
法人税、住民税及び事業税	（ ）
法人税等調整額	（ ③ ）
親会社株主に帰属する当期純利益	（ ④ ）

連 結 貸 借 対 照 表

×4年３月31日（単位：千円）

資産の部	金額	負債・純資産の部	金額
諸資産	（ ）	諸負債	（ ）
商品	（ ）	負債合計	（ ）
土地	（ ⑤ ）	資本金	（ ）
A社株式	（ ⑥ ）	利益剰余金	（ ⑧ ）
繰延税金資産	（ ⑦ ）	純資産合計	（ ）
資産合計	（ ）	負債・純資産合計	（ ）

■解答欄

①		②		③		④	
⑤		⑥		⑦		⑧	

解答・解説 未実現損益・税効果会計①

①	399,920	②	1,476	③	△1,024	④	31,420
⑤	79,880	⑥	11,796	⑦	2,048	⑧	122,524

1．タイム・テーブル（単位：千円）

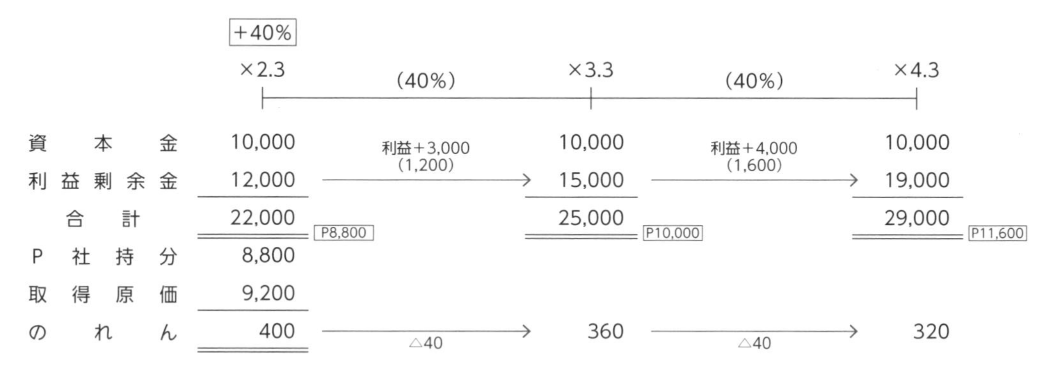

2．持分法適用仕訳

(1) ×2年3月31日ののれんの算定

9,200（取得原価）－8,800（P社持分）＝400

(2) 開始仕訳

① 前期利益の計上

(借) A社株式	1,200	(貸) 利益剰余金－当期首残高	1,200

※ 3,000（前期利益剰余金増加額）×40%（P社比率）＝1,200

② 前期のれんの償却

(借) 利益剰余金－当期首残高	40	(貸) A社株式	40

※ 400（のれん計上額）÷10年（償却年数）＝40

③ 開始仕訳（上記仕訳の合算）

(借) A社株式	1,160	(貸) 利益剰余金－当期首残高	1,160

(3) 当期利益の計上

(借) A社株式	1,600	(貸) 持分法による投資損益	1,600

※ 4,000（A社当期利益）×40%（P社比率）＝1,600

(4) 当期のれんの償却

(借) 持分法による投資損益	40	(貸) A社株式	40

※ 400（のれん計上額）÷10年（償却年数）＝40

(5) 商品に係る期首未実現利益の消去及び実現（ダウンストリーム）

(借) 利益剰余金－当期首残高	80※1	(貸) 売上高	80
(借) 法人税等調整額	24※2	(貸) 利益剰余金－当期首残高	24

※1 期首未実現利益：1,000（期首商品）×20%（利益率）×40%（P社比率）＝80

※2 税効果：80（未実現利益※1）×30%（税率）＝24

(6) 商品に係る期末未実現利益の消去（ダウンストリーム）

(借) 売上高	160※1	(貸) A社株式	160
(借) 繰延税金資産（P社）	48※2	(貸) 法人税等調整額	48

※1 期末未実現利益：2,000（期末商品）×20%（利益率）×40%（P社比率）＝160

※2 税効果：160（未実現利益※1）×30%（税率）＝48

(7) 土地に係る未実現利益の消去（アップストリーム）

(借) 持分法による投資損益	120※1	(貸) 土地	120
(借) A社株式	36※2	(貸) 持分法による投資損益	36

※1 期首未実現利益：300（土地売却益）×40%（P社比率）＝120

※2 税効果：120（未実現利益※1）×30%（税率）＝36

3．連結損益計算書及び連結貸借対照表

連結損益計算書

自×3年4月1日　至×4年3月31日

	P社
売上高	399,920※1
売上原価	300,000※2
売上総利益	99,920
持分法による投資利益	1,476※3
固定資産売却益	10,000※2
その他費用	67,000※2
税金等調整前当期純利益	44,396
法人税、住民税及び事業税	14,000※2
法人税等調整額	△1,024※4
当期純利益	31,420
親会社株主に帰属する当期純利益	31,420※5

※1 400,000（P社）＋80（商品に係る未実現利益の実現）－160（商品に係る未実現利益の消去）＝399,920

※2 P社計上額

※3 1,600（利益の計上）－40（のれん償却額）－120（土地に係る未実現利益の消去）
＋36（土地に係る未実現利益の消去・税効果）＝1,476

※4 1,000（P社）－24（商品に係る期首未実現利益の実現・税効果）＋48（商品に係る期末未実現利益の消去・税効果）＝1,024

※5 30,000（P社）＋1,600（利益の計上）－40（のれん償却額）
＋80（商品に係る未実現利益の実現）－24（商品に係る期首未実現利益の実現・税効果）
－160（商品に係る未実現利益の消去）＋48（商品に係る期末未実現利益の消去・税効果）
－120（土地に係る未実現利益の消去）＋36（土地に係る期末未実現利益の消去・税効果）＝31,420

連結貸借対照表

×4年３月31日

資産の部	金額	負債・純資産の部	金額
諸資産	188,800※2	諸負債	110,000※2
商品	50,000※2	負債合計	110,000
土地	79,880※6	資本金	100,000※2
Ａ社株式	11,796※7	利益剰余金	122,524※9
繰延税金資産	2,048※8	純資産合計	222,524
資産合計	332,524	負債・純資産合計	332,524

※6　80,000（Ｐ社）－120（土地に係る未実現利益の消去）＝79,880

※7　9,200（取得原価）＋1,160（開始仕訳）＋1,600（利益の計上）－40（のれん償却額）－160（商品に係る未実現利益の消去）＋36（土地に係る期末未実現利益の消去・税効果）＝11,796

又は

29,000（X4.3資本合計）×40％（Ｐ社比率）＋320（X4.3のれん未償却残高）－160（商品に係る未実現利益の消去）＋36（土地に係る期末未実現利益の消去・税効果）＝11,796

※8　2,000（Ｐ社）＋48（商品に係る期末未実現利益の消去・税効果）＝2,048

※9　120,000（Ｐ社）＋1,160（開始仕訳）＋1,600（利益の計上）－40（のれん償却額）－160（商品に係る未実現利益の消去）＋48（商品に係る期末未実現利益の消去・税効果）－120（土地に係る未実現利益の消去）＋36（土地に係る期末未実現利益の消去・税効果）＝122,524

30-6 未実現損益・税効果会計②

重要度 C　＿/□　＿/□　＿/□

次の〔資料Ⅰ〕～〔資料Ⅲ〕に基づき、〔資料Ⅳ〕に示した連結損益計算書及び連結貸借対照表における①～⑧の金額を答えなさい。なお、解答する金額がマイナスとなる場合には、金額の前に「△」の記号を付すこと。

〔資料Ⅰ〕 前提条件

1．Ｐ社とＡ社の会計期間は、いずれも３月31日を決算日とする１年間である。当期は、×３年度（×３年４月１日から×４年３月31日まで）である。

2．Ｐ社とＡ社の間には、〔資料Ⅱ〕に示されたもの以外の取引関係はない。

3．のれんは、発生した年度の翌年度から、10年間にわたり定額法により償却する。

4．Ａ社の資産及び負債には、時価評価による重要な簿価修正はない。

5．Ｐ社及びＡ社の法定実効税率は30％とし、税効果会計を適用する。ただし、連結財務諸表作成上の修正にあたっては、〔資料Ⅱ〕に示された一時差異のみを認識する。

6．繰延税金資産の回収可能性に問題はない。

7．剰余金の配当は行われていない。

8．他の連結会社による影響は考慮しない。

〔資料Ⅱ〕 連結財務諸表作成に関する事項

1．Ｐ社は、×２年３月31日にＡ社の発行済株式総数の40％を9,200千円で取得し、Ａ社を持分法適用関連会社とした。

2．Ｐ社とＡ社の純資産額の推移は次のとおりである。

（Ｐ社）　（単位：千円）

	資本金	利益剰余金
×2年３月31日	100,000	60,000
×3年３月31日	100,000	90,000
×4年３月31日	100,000	120,000

（Ａ社）　（単位：千円）

	資本金	利益剰余金
×2年３月31日	10,000	12,000
×3年３月31日	10,000	15,000
×4年３月31日	10,000	19,000

3．当期首にＰ社はＡ社に対して土地（帳簿価額1,000千円）を1,300千円で売却し、売却益300千円を計上している。Ａ社は当期末現在、当該土地を企業集団外部に売却せず、保有している。

4．Ａ社は前期よりＰ社へ商品の一部を掛販売しており、Ｐ社の商品棚卸高に含まれているＡ社からの仕入分は次のとおりである。なお、売上総利益率は20％であり、毎期一定である。

前期末商品：1,000千円　　当期末商品：2,000千円

〔資料Ⅲ〕 P社とA社の個別財務諸表

損益計算書

自×3年4月1日　至×4年3月31日（単位：千円）

	P社	A社
売上高	400,000	80,000
売上原価	300,000	60,000
売上総利益	100,000	20,000
固定資産売却益	10,000	2,000
その他費用	67,000	16,000
税引前当期純利益	43,000	6,000
法人税、住民税及び事業税	14,000	2,200
法人税等調整額	△1,000	△200
当期純利益	30,000	4,000

貸借対照表

×4年3月31日（単位：千円）

資産の部	P社	A社	負債・純資産の部	P社	A社
諸資産	188,800	23,400	諸負債	110,000	21,000
商品	50,000	6,000	負債合計	110,000	21,000
土地	80,000	20,000	資本金	100,000	10,000
A社株式	9,200	—	利益剰余金	120,000	19,000
繰延税金資産	2,000	600	純資産合計	220,000	29,000
資産合計	330,000	50,000	負債・純資産合計	330,000	50,000

〔資料Ⅳ〕 連結財務諸表

連結損益計算書

自×3年4月1日　至×4年3月31日（単位：千円）

	P社
売上高	（　　）
売上原価	（　　）
売上総利益	（　　）
持分法による投資利益	（ ① ）
固定資産売却益	（ ② ）
その他費用	（　　）
税金等調整前当期純利益	（　　）
法人税、住民税及び事業税	（　　）
法人税等調整額	（ ③ ）
親会社株主に帰属する当期純利益	（ ④ ）

連結貸借対照表

×4年3月31日　　（単位：千円）

資産の部	金額	負債・純資産の部	金額
諸資産	（　　）	諸負債	（　　）
商品	（ ⑤ ）	負債合計	（　　）
土地	（　　）	資本金	（　　）
A社株式	（ ⑥ ）	利益剰余金	（ ⑧ ）
繰延税金資産	（ ⑦ ）	純資産合計	（　　）
資産合計	（　　）	負債・純資産合計	（　　）

■解答欄

①		②		③		④	
⑤		⑥		⑦		⑧	

解答・解説 未実現損益・税効果会計②

①	1,504	②	9,880	③	△1,036	④	31,420
⑤	49,840	⑥	11,848	⑦	2,036	⑧	122,524

1．タイム・テーブル（単位：千円）

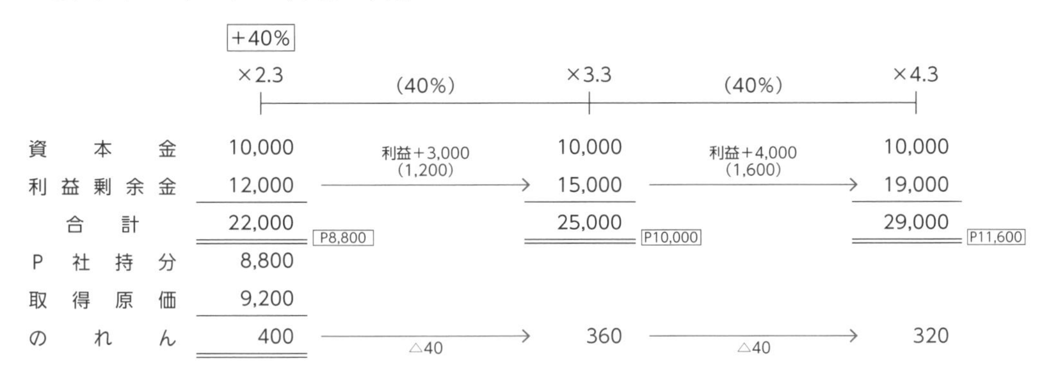

2．持分法適用仕訳

(1) ×2年3月31日ののれんの算定

9,200（取得原価）－8,800（P社持分）＝400

(2) 開始仕訳

① 前期利益の計上

（借）A社株式	1,200	（貸）利益剰余金－当期首残高	1,200

※ 3,000（前期利益剰余金増加額）×40%（P社比率）＝1,200

② 前期のれんの償却

（借）利益剰余金－当期首残高	40	（貸）A社株式	40

※ 400（のれん計上額）÷10年（償却年数）＝40

③ 開始仕訳（上記仕訳の合算）

（借）A社株式	1,160	（貸）利益剰余金－当期首残高	1,160

(3) 当期利益の計上

（借）A社株式	1,600	（貸）持分法による投資損益	1,600

※ 4,000（A社当期利益）×40%（P社比率）＝1,600

(4) 当期のれんの償却

（借）持分法による投資損益	40	（貸）A社株式	40

※ 400（のれん計上額）÷10年（償却年数）＝40

(5) 商品に係る期首未実現利益の消去及び実現（アップストリーム）

（借）利益剰余金－当期首残高	80※1	（貸）持分法による投資損益	80
（借）持分法による投資損益	24※2	（貸）利益剰余金－当期首残高	24

※1 期首未実現利益：1,000（期首商品）×20%（利益率）×40%（P社比率）＝80

※2 税効果：80（未実現利益※1）×30%（税率）＝24

(6) 商品に係る期末未実現利益の消去（アップストリーム）

（借）持分法による投資損益	160※1	（貸）商　　　品	160
（借）A　社　株　式	48※2	（貸）持分法による投資損益	48

※1　期末未実現利益：2,000（期末商品）×20%（利益率）×40%（P社比率）＝160
※2　税効果：160（未実現利益※1）×30%（税率）＝48

(7) 土地に係る未実現利益の消去（ダウンストリーム）

（借）固定資産売却益	120※1	（貸）A　社　株　式	120
（借）繰延税金資産（P社）	36※2	（貸）法人税等調整額	36

※1　未実現利益：300（土地売却益）×40%（P社比率）＝120
※2　税効果：120（未実現利益※1）×30%（税率）＝36

3．連結損益計算書及び連結貸借対照表

連結損益計算書
自×3年4月1日　至×4年3月31日

	P社
売上高	400,000※1
売上原価	300,000※1
売上総利益	100,000
持分法による投資利益	1,504※2
固定資産売却益	9,880※3
その他費用	67,000※1
税金等調整前当期純利益	44,384
法人税、住民税及び事業税	14,000※1
法人税等調整額	△1,036※4
当期純利益	31,420
親会社株主に帰属する当期純利益	31,420※5

※1　P社計上額
※2　1,600（利益の計上）－40（のれん償却額）＋80（商品に係る未実現利益の実現）
－24（商品に係る未実現利益の実現・税効果）－160（商品に係る未実現利益の消去）
＋48（商品に係る未実現利益の消去・税効果）＝1,504
※3　10,000（P社）－120（土地に係る未実現利益の消去）＝9,880
※4　1,000（P社）＋36（土地に係る未実現利益の消去・税効果）＝1,036
※5　30,000（P社）＋1,600（利益の計上）－40（のれん償却額）
＋80（商品に係る未実現利益の実現）－24（商品に係る期首未実現利益の実現・税効果）
－160（商品に係る未実現利益の消去）＋48（商品に係る期末未実現利益の消去・税効果）
－120（土地に係る未実現利益の消去）＋36（土地に係る未実現利益の消去・税効果）＝31,420

連結貸借対照表

×4年３月31日

資産の部	金額	負債・純資産の部	金額
諸資産	188,800※1	諸負債	110,000※1
商品	49,840※6	負債合計	110,000
土地	80,000※1	資本金	100,000※1
Ａ社株式	11,848※7	利益剰余金	122,524※9
繰延税金資産	2,036※8	純資産合計	222,524
資産合計	332,524	負債・純資産合計	332,524

※６　50,000（Ｐ社）－160（商品に係る未実現利益の消去）＝49,840

※７　9,200（取得原価）＋1,160（開始仕訳）＋1,600（利益の計上）
－40（のれん償却額）＋48（商品に係る未実現利益の消去・税効果）－120（土地に係る未実現利益の消去）＝11,848
又は
29,000（X4.3資本合計）×40％（Ｐ社比率）＋320（X4.3のれん未償却残高）
＋48（商品に係る未実現利益の消去・税効果）－120（土地に係る未実現利益の消去）＝11,848

※８　2,000（Ｐ社）＋36（土地に係る未実現利益の消去・税効果）＝2,036

※９　120,000（Ｐ社）＋1,160（開始仕訳）＋1,600（利益の計上）－40（のれん償却額）
－160（商品に係る未実現利益の消去）＋48（商品に係る期末未実現利益の消去・税効果）
－120（土地に係る未実現利益の消去）＋36（土地に係る未実現利益の消去・税効果）＝122,524

30-7 理論問題①

重要度 B　／□　／□　／□

次の各文章の（　　）の中に入る適切な語句を記入しなさい。

⑴ 関連会社とは、企業が、出資、人事、資金、技術、取引等の関係を通じて、子会社以外の他の企業の財務及び営業又は事業の方針の影響に対して（　1　）を与えることができる場合における当該子会社以外の他の企業をいう。

⑵ 持分法とは、投資会社が被投資会社の資本及び損益のうち（　2　）に帰属する部分の変動に応じて、その投資の額を連結決算日ごとに修正する方法をいう。

⑶ 持分法の適用に際しては、被投資会社の財務諸表の適正な修正や資産及び負債の評価に伴う税効果会計の適用等、原則として、（　3　）の場合と同様の処理を行う。

⑷ 投資会社の投資日における投資とこれに対応する被投資会社の資本との間に差額がある場合には、当該差額は（　4　）又は（　5　）とし、（　4　）は投資に含めて処理する。

■解答欄

1		2		3	
4		5			

解答・解説 理論問題①

1	重要な影響	2	投資会社	3	連結子会社
4	のれん	5	負ののれん		

(1) 関連会社とは、企業が、出資、人事、資金、技術、取引等の関係を通じて、子会社以外の他の企業の財務及び営業又は事業の方針の影響に対して(1)重要な影響を与えることができる場合における当該子会社以外の他の企業をいう。

(2) 持分法とは、投資会社が被投資会社の資本及び損益のうち(2)投資会社に帰属する部分の変動に応じて、その投資の額を連結決算日ごとに修正する方法をいう。

(3) 持分法の適用に際しては、被投資会社の財務諸表の適正な修正や資産及び負債の評価に伴う税効果会計の適用等、原則として、(3)連結子会社の場合と同様の処理を行う。

(4) 投資会社の投資日における投資とこれに対応する被投資会社の資本との間に差額がある場合には、当該差額は(4)のれん又は(5)負ののれんとし、(4)のれんは投資に含めて処理する。

30-8 理論問題②

重要度B　/ □　/ □　/ □

次の文章について、正しいと思うものには○印を、正しくないと思うものには×印を解答欄に記入しなさい。

⑴ 持分法適用上、投資会社の被投資会社に対する債権又は債務は相殺消去しなければならない。

⑵ 持分法による投資損益は、連結損益計算書上、営業外収益又は営業外費用の区分に記載する。

⑶ 投資日における投資会社の投資とこれに対応する被投資会社の純資産との間に差額がある場合には、当該差額はのれん又は負ののれんとし、のれんは投資に含めて処理する。

⑷ 被投資会社から受け取った配当金は、持分法上、投資の額と受取配当金の額を減額する。

⑸ 持分法とは、投資会社が被投資会社の資本及び損益のうち投資会社に帰属する部分の変動に応じて、その投資の額を修正する方法をいい、その修正額は直接純資産に直入される。

⑹ 関連会社株式は、個別財務諸表において時価評価されるが、連結財務諸表においては持分法により評価される。

■解答欄

1		2		3		4		5		6	

解答・解説 理論問題②

1	×	2	○	3	○	4	○	5	×	6	×

⑴ 誤り

持分法は被投資会社の資本及び損益のうち投資会社に帰属する部分の変動に応じて、その投資額を修正する方法であるため、連結のような個別財務諸表の合算を行わない。よって、期末における債権と債務が同一の貸借対照表に記載されることがないため、両者の相殺は行わない。

⑵ 正しい

⑶ 正しい

⑷ 正しい

⑸ 誤り

投資の額の増減額は、持分法による投資損益として処理するため、当期純利益の計算に含める。

⑹ 誤り

個別財務諸表上、関連会社株式は時価評価されない。

第31章

包括利益

31-1 包括利益①

重要度A　／□　／□　／□

次の資料に基づき、×２年度（×２年４月１日～×３年３月31日）の当社（A社）の連結包括利益計算書に計上される包括利益の金額を答えなさい。

１．×１年度末貸借対照表

貸借対照表　（単位：千円）

借方	金額	貸方	金額
諸資産	900	諸負債	300
甲社株式	100	資本金	500
		繰越利益剰余金	150
		その他有価証券評価差額金	50
	1,000		1,000

２．×２年度末貸借対照表

貸借対照表　（単位：千円）

借方	金額	貸方	金額
諸資産	1,200	諸負債	500
乙社株式	200	資本金	700
		繰越利益剰余金	200
		自己株式	△100
		その他有価証券評価差額金	100
	1,400		1,400

３．×２年度における期中取引

(1) 甲社株式を200千円で売却し、乙社株式を100千円で取得している。

(2) 剰余金の配当を50千円実施している。

(3) 増資により200千円の払込を受けている。

(4) 自己株式を100千円取得している。

■解答欄

包括利益	千円

解答・解説 包括利益①

包括利益	150千円

包括利益の算定方法は、①純資産の増加額から持分所有者との直接的な取引による増減額を控除する方法と、②当期純利益にその他の包括利益を加減する方法がある。本問はいずれの方法でも解答ができる点を確認してほしい。なお、3．⑴の資料は組替調整額の算定において必要な資料であるため、本問では使用しない点に留意すること。

① の方法

1．純資産の増加額

900（X 2年度末純資産合計）－700（X 1年度末純資産合計）＝200

2．持分所有者との直接的な取引による純資産増加額

200（増資）－50（剰余金の配当）－100（自己株式の取得）＝50

3．包括利益の金額

200（純資産の増加額）－50（持分所有者との取引）＝150

② の方法

1．当期純利益

200（X 2年度末繰越利益剰余金）＋50（剰余金の配当）－150（X 1年度末繰越利益剰余金）＝100

2．その他の包括利益

100（X 2年度末その他有価証券評価差額金）－50（X 1年度末その他有価証券評価差額金）＝50

3．包括利益の金額

100（当期純利益）＋50（その他の包括利益）＝150

31-2 包括利益②

重要度A　／□　／□　／□

次の資料に基づき、当事業年度の連結包括利益計算書に計上されるその他の包括利益の金額を答えなさい。

1．当社が当期末に保有するその他有価証券に関する事項は次のとおりである。なお、B社株式は当期中に取得したものである。

	取得原価	前期末時価	当期末時価
A社株式	10,000千円	8,000千円	11,000千円
B社株式	15,000千円	—	19,000千円
C社株式	12,000千円	19,000千円	18,000千円

2．その他有価証券の評価差額について、全部純資産直入法を適用する。

3．法定実効税率は40％である。なお、繰延税金資産の回収可能性に問題はない。

■解答欄

その他の包括利益	千円

解答・解説 包括利益②

その他の包括利益	3,600千円

その他の包括利益はその他有価証券評価差額金の増減額である。よって、前期末及び当期末のその他有価証券評価差額金を算定し、増減額を求めればよい。

1．タイム・テーブル（単位：千円）

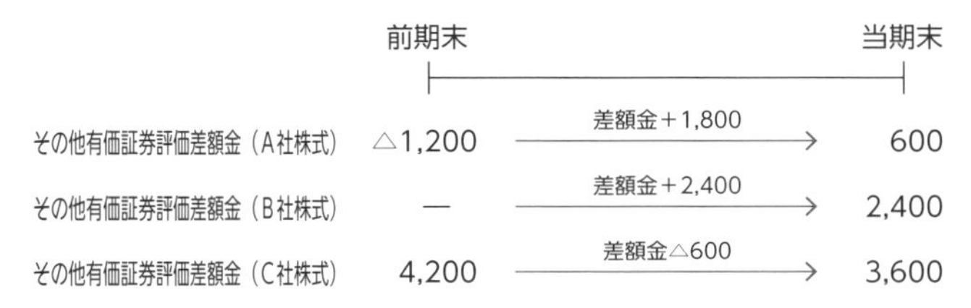

2．A社株式

(1) 前期末時価評価

(借)			(貸)		
	繰延税金資産	800※2		投資有価証券	2,000※1
	その他有価証券評価差額金	1,200※3			

※1 評価差損：8,000（前期末時価）－10,000（取得原価）＝△2,000

※2 繰延税金資産：2,000（評価差損）×40%（税率）＝800

※3 その他有価証券評価差額金：2,000（評価差損）×｛1－40%（税率）｝＝1,200

(2) 当期末時価評価

(借)			(貸)		
	投資有価証券	1,000※1		繰延税金負債	400※2
				その他有価証券評価差額金	600※3

※1 評価差益：11,000（当期末時価）－10,000（取得原価）＝1,000

※2 繰延税金負債：1,000（評価差益）×40%（税率）＝400

※3 その他有価証券評価差額金：1,000（評価差益）×｛1－40%（税率）｝＝600

3．B社株式（当期末時価評価）

(借)			(貸)		
	投資有価証券	4,000※1		繰延税金負債	1,600※2
				その他有価証券評価差額金	2,400※3

※1 評価差益：19,000（当期末時価）－15,000（取得原価）＝4,000

※2 繰延税金負債：4,000（評価差益）×40%（税率）＝1,600

※3 その他有価証券評価差額金：4,000（評価差益）×｛1－40%（税率）｝＝2,400

4．C社株式

(1) 前期末時価評価

(借) 投資有価証券	7,000※1	(貸) 繰延税金負債	2,800※2
		その他有価証券評価差額金	4,200※3

※1 評価差益：19,000（前期末時価）－12,000（取得原価）＝7,000

※2 繰延税金負債：7,000（評価差益）×40％（税率）＝2,800

※3 その他有価証券評価差額金：7,000（評価差益）×｛1－40％（税率）｝＝4,200

(2) 当期末時価評価

(借) 投資有価証券	6,000※1	(貸) 繰延税金負債	2,400※2
		その他有価証券評価差額金	3,600※3

※1 評価差益：18,000（当期末時価）－12,000（取得原価）＝6,000

※2 繰延税金負債：6,000（評価差益）×40％（税率）＝2,400

※3 その他有価証券評価差額金：6,000（評価差益）×｛1－40％（税率）｝＝3,600

5．解答の金額

その他の包括利益：1,800（A社株式）＋2,400（B社株式）－600（C社株式）＝3,600

31-3 包括利益③（連結子会社と持分法適用関連会社） 重要度C ／□ ／□ ／□

次の資料に基づき、当事業年度の連結財務諸表に計上される各金額を答えなさい。

1．当社は×1年3月31日に、S社の発行済株式総数の60%を取得し、子会社として支配している。
2．当社は×1年3月31日に、A社の発行済株式総数の40%を取得し、持分法適用関連会社としている。
3．各社の個別財務諸表におけるその他有価証券評価差額金の推移は次のとおりである。

	×1年3月31日	×2年3月31日	×3年3月31日
当社	5,000千円	7,000千円	10,000千円
S社	1,000千円	3,000千円	4,000千円
A社	200千円	500千円	900千円

4．各社の会計期間は、いずれも4月1日から3月31日までの1年間であり、当事業年度は×2年度（×2年4月1日から×3年3月31日まで）である。

■解答欄

連結包括利益計算書におけるその他の包括利益	千円
連結貸借対照表におけるその他の包括利益累計額	千円

解答・解説　包括利益③（連結子会社と持分法適用関連会社）

連結包括利益計算書におけるその他の包括利益	4,160千円
連結貸借対照表におけるその他の包括利益累計額	12,080千円

1．タイム・テーブル（単位：千円）

(1)　当社

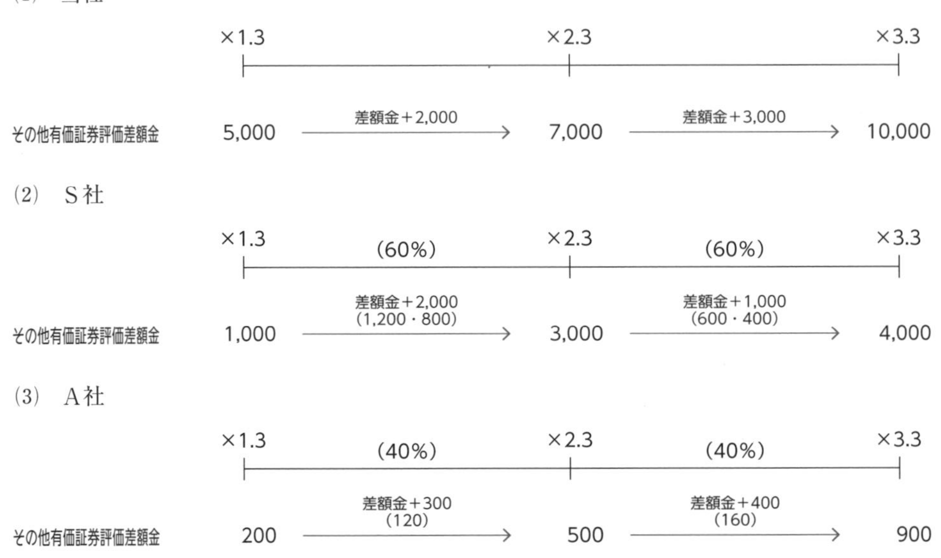

2．その他の包括利益

3,000（当社差額金当期増加額）＋1,000（S社差額金当期増加額）

＋160（A社差額金当期増加額のうち当社持分）＝4,160

※1　その他の包括利益を算定する際は、評価・換算差額等の当期変動額を集計する。

※2　子会社から生じるその他の包括利益は、親会社株主に帰属する金額（600）のみならず、非支配株主に帰属する金額（400）も集計対象とする。

※3　持分法適用会社から生じるその他の包括利益は、投資会社持分相当額（160）のみを集計対象とする。

3．その他の包括利益累計額

10,000（当社X3.3差額金）＋1,200（S社差額金前期増加額のうち当社持分）

＋600（S社差額金当期増加額のうち当社持分）＋120（A社差額金前期増加額のうち当社持分）

＋160（A社差額金当期増加額のうち当社持分）＝12,080

31-4 総合問題

重要度A　／□　／□　／□

次の〔資料Ⅰ〕及び〔資料Ⅱ〕に基づき、各問に答えなさい。

〔資料Ⅰ〕 留意事項

1．P社及びS社の会計期間は、いずれも3月31日を決算日とする1年であり、当期は×3年4月1日から×4年3月31日までである。

2．P社及びS社の間には、〔資料Ⅱ〕に示されたもの以外の取引はない。

3．S社の資産及び負債には、時価評価による重要な簿価修正はない。

4．のれんは、発生した年度の翌年度から5年間にわたり定額法により償却する。

5．剰余金の配当は行われていない。

6．税効果会計は考慮しない。

〔資料Ⅱ〕 連結財務諸表作成に関する事項

1．P社は×2年3月31日に、S社の発行済株式総数の60％を20,000千円で取得し、S社に対する支配を獲得した。

2．P社及びS社の純資産の推移は次のとおりである。

（P社）　（単位：千円）

	資本金	利益剰余金	その他有価証券評価差額金	合計
×2年3月31日	40,000	70,000	2,000	112,000
×3年3月31日	40,000	90,000	3,000	133,000
×4年3月31日	40,000	130,000	5,000	175,000

（S社）　（単位：千円）

	資本金	利益剰余金	その他有価証券評価差額金	合計
×2年3月31日	10,000	20,000	1,000	31,000
×3年3月31日	10,000	25,000	1,500	36,500
×4年3月31日	10,000	32,000	1,800	43,800

3．当期首にP社はS社に対して備品（取得原価1,400千円、減価償却累計額200千円）を1,600千円で売却している。S社は当該備品に対して、耐用年数2年、残存価額ゼロ、定額法により減価償却を行っている。

4．S社は前期よりP社へ商品の一部を販売している。当期のS社からP社への売上高は15,000千円であった。

5．P社の商品棚卸高に含まれているS社からの仕入分は次のとおりである。なお、売上総利益率は20％であり、毎期一定である。

前期末商品：2,000千円　　当期末商品：1,500千円

〔資料Ⅲ〕 連結損益及び包括利益計算書（単位：千円）

連結損益及び包括利益計算書

：	
当期純利益	（　　）
（内訳）	
親会社株主に帰属する当期純利益	（ ① ）
非支配株主に帰属する当期純利益	（ ② ）
その他の包括利益：	
その他有価証券評価差額金	（ ③ ）
その他の包括利益合計	（　　）
包括利益	（ ④ ）
（内訳）	
親会社株主に係る包括利益	（　　）
非支配株主に係る包括利益	（　　）

問1　〔資料Ⅲ〕に示した連結損益及び包括利益計算書における①～④の金額を答えなさい。

問2　連結貸借対照表におけるその他の包括利益累計額の金額を答えなさい。

■解答欄

問1

①		②		③		④	

問2

連結貸借対照表におけるその他の包括利益累計額	千円

解答・解説 総合問題

問1

①	43,780	②	2,840	③	2,300	④	48,920

問2

連結貸借対照表におけるその他の包括利益累計額	5,480千円

1．タイム・テーブル（単位：千円）

(1)　P社

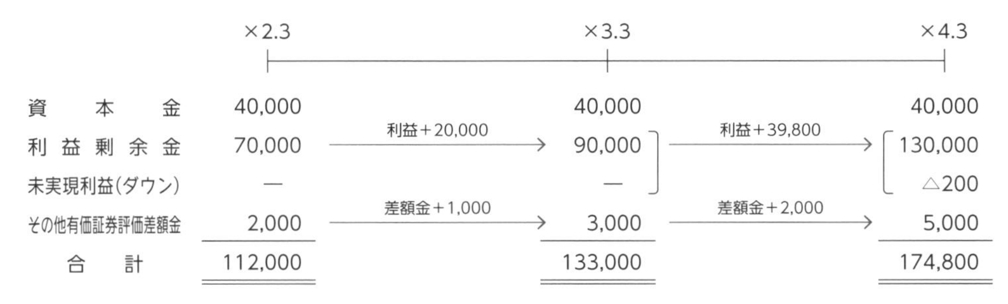

(2)　S社

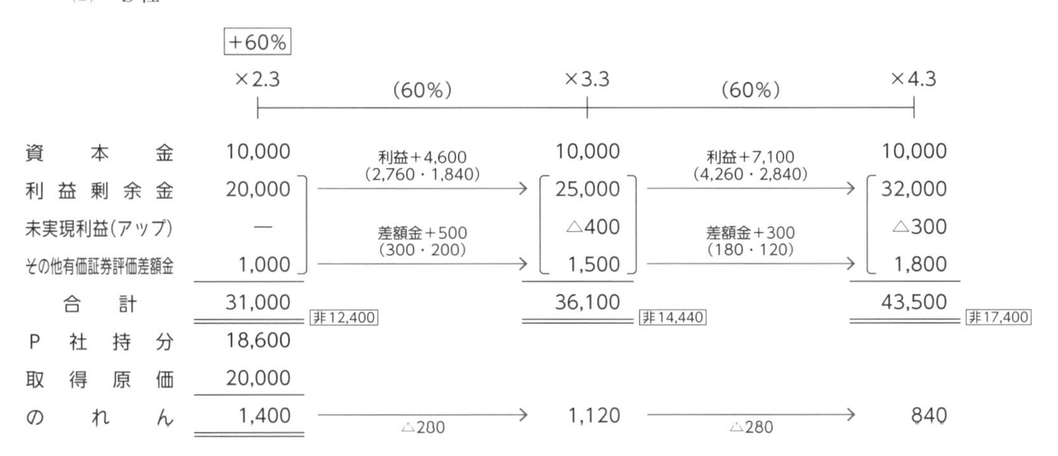

2．連結修正仕訳（資本連結）

(1) 開始仕訳

① 投資と資本の相殺消去

（借）	資　本　金－当期首残高	10,000	（貸）	S　社　株　式	20,000
	利益剰余金－当期首残高	20,000		非支配株主持分－当期首残高	12,400※
	その他有価証券評価差額金－当期首残高	1,000			
	の　れ　ん	1,400			

※　非支配株主持分：31,000（X2.3資本合計）×40％（非持比率）＝12,400

② 前期利益の按分

（借）	利益剰余金－当期首残高	1,840	（貸）	非支配株主持分－当期首残高	1,840

※　4,600（修正後Ｓ社前期利益）×40％（非持比率）＝1,840

③ 前期のれんの償却

（借）	利益剰余金－当期首残高	280	（貸）	の　れ　ん	280

※　1,400（のれん計上額）÷５年（償却年数）＝280

④ 前期その他有価証券評価差額金の増加額の按分

（借）	その他有価証券評価差額金－当期首残高	200	（貸）	非支配株主持分－当期首残高	200

※　500（差額金前期増加額）×40％（非持比率）＝200

⑤ 開始仕訳（上記仕訳の合算）

（借）	資　本　金－当期首残高	10,000	（貸）	S　社　株　式	20,000
	利益剰余金－当期首残高	22,120※1		非支配株主持分－当期首残高	14,440※4
	その他有価証券評価差額金－当期首残高	1,200※2			
	の　れ　ん	1,120※3			

※１　利益剰余金：20,000（相殺）＋1,840（利益の按分）＋280（のれん償却額）＝22,120

※２　その他有価証券評価差額金：1,000（相殺）＋200（増加額の按分）＝1,200

※３　のれん：1,400（のれん計上額）×４年（未償却年数）／５年（償却年数）＝1,120

※４　非支配株主持分：36,100（X3.3資本合計）×40％（非持比率）＝14,440

(2) 当期の連結修正仕訳

① 当期利益の按分

（借）	非支配株主に帰属する当期純損益	2,840	（貸）	非支配株主持分－当期変動額	2,840

※　7,100（修正後Ｓ社当期利益）×40％（非持比率）＝2,840

② 当期その他有価証券評価差額金の増加額の按分

（借）	その他有価証券評価差額金－当期変動額	120	（貸）	非支配株主持分－当期変動額	120

※　300（差額金当期増加額）×40％（非持比率）＝120

③ 当期のれんの償却

（借）	の れ ん 償 却 額	280	（貸）	の　れ　ん	280

3．連結修正仕訳（成果連結）

(1) 内部取引の相殺

(借) 売上高	15,000	(貸) 売上原価	15,000

(2) 商品に係る期首未実現利益の消去及び実現

(借) 利益剰余金－当期首残高	400	(貸) 売上原価	400

※ 2,000（期首商品）×20%（利益率）＝400

(3) 商品に係る期末未実現利益の消去

(借) 売上原価	300	(貸) 商品	300

※ 1,500（期末商品）×20%（利益率）＝300

(4) 備品に係る未実現利益の消去

(借) 固定資産売却益	400	(貸) 備品	400

※ 1,600（売却価額）－{1,400（取得原価）－200（減価償却累計額）}＝400

(5) 備品に係る未実現利益の実現

(借) 減価償却累計額	200	(貸) 減価償却費	200

※ 400（未実現利益）÷２年（耐用年数）＝200

4．連結損益及び包括利益計算書

連結損益及び包括利益計算書

：	
当期純利益	46,620※1
(内訳)	
親会社株主に帰属する当期純利益	43,780※2
非支配株主に帰属する当期純利益	2,840
その他の包括利益：	
その他有価証券評価差額金	2,300※3
その他の包括利益合計	2,300
包括利益	48,920※4
(内訳)	
親会社株主に係る包括利益	45,960※5
非支配株主に係る包括利益	2,960※6

※1 43,780（親会社株主に帰属する当期純利益※2）＋2,840（非支配株主に帰属する当期純利益）＝46,620
※2 39,800（Ｐ社）＋4,260（当期取得後剰余金）－280（のれん償却額）＝43,780
※3 2,000（Ｐ社差額金当期増加額）＋300（Ｓ社差額金当期増加額）＝2,300
※4 46,620（当期純利益※1）＋2,300（その他の包括利益※3）＝48,920
※5 43,780（親会社株主に帰属する当期純利益※2）＋2,180（親会社株主に係るその他の包括利益※）＝45,960
　※ 2,000（Ｐ社差額金当期増加額）＋180（Ｓ社差額金当期増加額のうちＰ社持分）＝2,180
※6 2,840（非支配株主に帰属する当期純利益）＋120（非支配株主に係るその他の包括利益※）＝2,960
　※ 120（Ｓ社差額金当期増加額のうち非持分）

5．連結貸借対照表のその他の包括利益累計額

5,000（Ｐ社）＋300（Ｓ社差額金前期増加額のうちＰ社持分）
＋180（Ｓ社差額金当期増加額のうちＰ社持分）＝5,480

※ 連結貸借対照表においては、親会社株主に帰属する金額のみをその他の包括利益累計額として計上する点に留意すること(非支配株主に帰属する額は非支配株主持分に含める)。

31-5 理論問題①

重要度B　 / □　 / □　 / □

次の各文章の（　　）の中に入る適切な語句を記入しなさい。

⑴「包括利益」とは、ある企業の特定期間の財務諸表において認識された（　1　）の変動額のうち、当該企業の（　1　）に対する持分所有者との直接的な取引によらない部分をいう。

⑵ 当期純利益を構成する項目のうち、当期又は過去の期間に（　2　）に含まれていた部分は、（　3　）として、（　2　）の内訳項目ごとに注記する。

■解答欄

1		2		3	

解答・解説　理論問題①

1	純資産	2	その他の包括利益	3	組替調整額

⑴ 「包括利益」とは、ある企業の特定期間の財務諸表において認識された⑴純資産の変動額のうち、当該企業の⑴純資産に対する持分所有者との直接的な取引によらない部分をいう。

⑵ 当期純利益を構成する項目のうち、当期又は過去の期間に⑵その他の包括利益に含まれていた部分は、⑶組替調整額として、⑵その他の包括利益の内訳項目ごとに注記する。

31-6 理論問題②

重要度B　／□　／□　／□

次の文章について、正しいと思うものには○印を、正しくないと思うものには×印を解答欄に記入しなさい。

(1) 「包括利益」とは、ある企業の特定期間の財務諸表において認識された純資産の変動額のうち、当該企業の純資産に対する持分所有者との直接的な取引によらない部分をいう。当該企業の純資産に対する持分所有者には、当該企業の株主のほか当該企業の発行する新株予約権の所有者が含まれ、連結財務諸表においては、当該企業の子会社の非支配株主も含まれる。

(2) その他の包括利益とは、包括利益のうち、当期純利益に含まれない部分をいう。

(3) 連結財務諸表において、包括利益は親会社株主に係る金額と非支配株主に係る金額の合計額となるため、親会社株主に係る部分の金額は開示されない。

(4) その他の包括利益の内訳項目には、その他有価証券評価差額金、繰延ヘッジ損益、為替換算調整勘定、退職給付に係る調整額、持分法による投資損益が含まれる。

(5) 包括利益を表示する計算書は、当期純利益を表示する損益計算書と、当期純利益にその他の包括利益の内訳項目を加減して包括利益を表示する包括利益計算書からなる、2計算書方式のみが認められている。

(6) 連結財務諸表を作成する会社は、その他の包括利益に属する項目について、連結貸借対照表の純資産の部の株主資本の次に、評価・換算差額等の名称をもって表示する。

■解答欄

1		2		3		4		5		6	

解答・解説　理論問題①

1	○	2	○	3	×	4	×	5	×	6	×

(1) 正しい

(2) 正しい

(3) 誤り

包括利益のうち親会社株主に係る金額及び非支配株主に係る金額は付記される。

(4) 誤り

持分法による投資損益は当期純利益に含まれるため、その他の包括利益には該当しない。

(5) 誤り

２計算書方式か１計算書方式（損益及び包括利益計算書）のいずれかの形式が認められている。

(6) 誤り

個別貸借対照表においては「評価・換算差額等」として表示するが、連結貸借対照表においては「その他の包括利益累計額」として表示する。

第32章

連結退職給付

問題	ページ	出題論点
32-1	108	連結退職給付

32-1 連結退職給付

重要度A　／□　／□　／□

次の〔資料Ⅰ〕及び〔資料Ⅱ〕に基づき、各金額を答えなさい。なお、解答する金額がマイナスとなる場合には、金額の前に△の記号を付すこと。

〔資料Ⅰ〕留意事項

1．P社（当社）は連結財務諸表提出会社であり、決算日は毎年３月31日である。
2．当期は×６年度（×６年４月１日から×７年３月31日）である。
3．法定実効税率は40％であり、退職給付引当金（退職給付に係る負債）にのみ税効果を適用する。
4．資料から判明しない事項は考慮しないものとする。

〔資料Ⅱ〕退職給付に関する事項等

1．P社は内部積立型の退職一時金制度を導入しており、退職給付引当金及び退職給付債務の実績額の推移は以下のとおりである。

		×５年３月31日	×６年３月31日	×７年３月31日
P社	退職給付引当金	45,000千円	53,000千円	58,000千円
	退職給付債務の実績額	48,000千円	58,000千円	67,000千円

※　P社の×５年３月31日の未認識の差異は、すべて×５年３月31日時点で生じたものである。

2．数理計算上の差異以外の差異は生じていない。未認識の数理計算上の差異は、発生年度の翌年から10年間にわたり、定額法により償却を行う。

■解答欄

退職給付に係る調整額	千円
退職給付に係る負債	千円
退職給付に係る調整累計額	千円

解答・解説　連結退職給付

退職給付に係る調整額	△2,400千円
退職給付に係る負債	67,000千円
退職給付に係る調整累計額	△5,400千円

1．未認識数理計算上の差異の推移（単位：千円）

×５年３月31日	×６年３月31日	×７年３月31日
△3,000※1	△5,000※2	△9,000※3

※１　45,000（X5.3退職給付引当金）－48,000（X5.3退職給付債務実績額）＝△3,000
※２　53,000（X6.3退職給付引当金）－58,000（X6.3退職給付債務実績額）＝△5,000
※３　58,000（X7.3退職給付引当金）－67,000（X7.3退職給付債務実績額）＝△9,000

2．タイム・テーブル

※１　△3,000（X5.3未認識差異）×｛1－40％（税率）｝＝△1,800
※２　△5,000（X6.3未認識差異）×｛1－40％（税率）｝＝△3,000
※３　△9,000（X7.3未認識差異）×｛1－40％（税率）｝＝△5,400

3．連結修正仕訳

(1)　科目名の振替

(借)	退職給付引当金	58,000	(貸)	退職給付に係る負債	58,000

(2)　未認識の差異の認識

(借)	退職給付に係る調整累計額－当期首残高	3,000※2	(貸)	退職給付に係る負債	9,000※1
	退職給付に係る調整累計額－当期変動額	2,400※3			
	繰延税金資産（Ｐ社）	3,600※4			

※１　退職給付に係る負債：9,000（Ｐ社X7.3未認識差異）
※２　退職給付に係る調整累計額－当期首残高：5,000（Ｐ社X6.3未認識差異）×｛1－40％（税率）｝＝3,000
※３　退職給付に係る調整累計額－当期変動額：｛9,000（Ｐ社X7.3未認識差異）－5,000（Ｐ社X6.3未認識差異）｝×｛1－40％（税率）｝＝2,400
※４　繰延税金資産：9,000（Ｐ社X7.3未認識差異）×40％（税率）＝3,600

4．解答の金額

退職給付に係る調整額：△2,400（退職給付に係る調整累計額の当期増減額）
退職給付に係る負債：67,000（退職給付債務実績額）
退職給付に係る調整累計額：△5,400（X7.3累計額）

第33章

在外支店

問題	ページ	出題論点
33-1	112	在外支店の換算

33-1 在外支店の換算

重要度B ／□ ／□ ／□

次の資料に基づき、解答欄に示した在外支店の当期（×７年４月１日～×８年３月31日）の貸借対照表と損益計算書を作成しなさい。

1．在外支店の決算整理後残高試算表

決算整理後残高試算表

×8年３月31日 （千ドル）

勘定科目	支店	勘定科目	支店
現金預金	459	買掛金	313
売掛金	350	長期借入金	300
繰越商品	244	未払費用	12
未収金	48	未払金	120
前払費用	21	貸倒引当金	7
建物	320	減価償却累計額	170
土地	687	本店	730
仕入	1,940	売上	2,770
商品評価損	6		
貸倒引当金繰入額	7		
減価償却費	28		
営業費	294		
支払利息	18		
	4,422		4,422

※ 本店の決算整理後残高試算表における支店勘定の金額は75,470千円であった。

2．換算に必要な資料

(1) 期首商品の金額は238千ドル（取得時の為替相場は１ドル＝103円）、当期仕入高は1,952千ドルである。また、当期末の商品の帳簿価額は250千ドル（取得時の為替相場は１ドル＝98円）だったが、正味売却価額が244千ドルであったため、商品評価損を認識している。

(2) 建物の内訳は以下のとおりである。

取得原価	取得日	取得時の為替相場
200千ドル	前期以前	１ドル＝102円
120千ドル	×７年８月１日	１ドル＝ 92円

※ 減価償却は残存価額ゼロ、耐用年数10年、定額法により実施する。

(3) 土地の取得時の為替相場は１ドル＝100円である。

(4) 長期借入金の契約条件等は以下のとおりである。

借入日	利率	利払日	当期利払時の為替相場
×６年８月１日	年６％	７月末日（後払）	１ドル＝92円

(5) 営業費の支払時の為替相場は１ドル＝94円である。なお、前払費用はすべて営業費に係るものである。

(6) 損益項目について、直物相場が明示されていないものは、期中平均相場により換算すること。

(7) 為替相場

① 前期末決算時直物為替相場　　1ドル＝100円
② 当期期中平均為替相場　　1ドル＝ 98円
③ 当期末決算時直物為替相場　　1ドル＝ 95円

■解答欄

・貸借対照表　　　　(単位：千円)

借方	金額	貸方	金額
現金預金	(　　)	買掛金	(　　)
売掛金	(　　)	長期借入金	(　　)
繰越商品	(　　)	未払費用	(　　)
未収金	(　　)	未払金	(　　)
前払費用	(　　)	貸倒引当金	(　　)
建物	(　　)	減価償却累計額	(　　)
土地	(　　)	本店	(　　)
		当期純利益	(　　)
	(　　)		(　　)

・損益計算書　　　　(単位：千円)

借方	金額	貸方	金額
売上原価	(　　)	売上	(　　)
商品評価損	(　　)		
貸倒引当金繰入額	(　　)		
減価償却費	(　　)		
営業費	(　　)		
支払利息	(　　)		
為替差損	(　　)		
当期純利益	(　　)		
	(　　)		(　　)

解答・解説 在外支店の換算

・貸借対照表　　　　　　　　　　　　　　　　　　　　　　　　　　　　　（単位：千円）

借方	金額	貸方	金額
現金預金	43,605	買掛金	29,735
売掛金	33,250	長期借入金	28,500
繰越商品	23,180	未払費用	1,140
未収金	4,560	未払金	11,400
前払費用	1,974	貸倒引当金	665
建物	31,440	減価償却累計額	17,260
土地	68,700	本店	75,470
		当期純利益	42,539
	206,709		206,709

・損益計算書　　　　　　　　　　　　　　　　　　　　　　　　　　　　　（単位：千円）

借方	金額	貸方	金額
売上原価	191,310	売上	271,460
商品評価損	1,320		
貸倒引当金繰入額	665		
減価償却費	2,776		
営業費	27,636		
支払利息	1,596		
為替差損	3,618		
当期純利益	42,539		
	271,460		271,460

1．貸借対照表項目の換算（単位：千円）

項　目	外貨額	換算レート	円貨額	項　目	外貨額	換算レート	円貨額
現金預金	459	95(CR)	43,605	買掛金	313	95(CR)	29,735
売掛金	350	95(CR)	33,250	長期借入金	300	95(CR)	28,500
繰越商品	244	95(CR)	23,180	未払費用	12	95(CR)	1,140
未収金	48	95(CR)	4,560	未払金	120	95(CR)	11,400
前払費用	21	94(HR)	1,974	貸倒引当金	7	95(CR)	665
建物	320	※1	31,440	減価償却累計額	170	※2	17,260
土地	687	100(HR)	68,700	本店	730	※3	75,470
				当期純利益	477	※4	42,539
	2,129		206,709		2,129		206,709

※1　建物：200千ドル（既保有分）×@102円（ＨＲ）＋120千ドル（期中取得分）×@92円（ＨＲ）＝31,440

※2　減価償却累計額

① 減価償却費（外貨）：200千ドル（既保有分）÷10年＋120千ドル（期中取得分）÷10年×８ヶ月／12ヶ月＝28千ドル

② 前期末までの減価償却累計額（外貨）：170千ドル（後Ｔ/Ｂ）－28千ドル（減価償却費）＝142千ドル

③ 前期末までの減価償却累計額（円貨）：142千ドル×@102円（ＨＲ）＝14,484

④ 貸借対照表計上額：14,484＋2,776（減価償却費 ⇒ 損益計算書を参照）＝17,260

※3　本店：本店における支店勘定の金額

※4　当期純利益：貸借差額

2．損益計算書項目の換算

項　目	外貨額	換算レート	円貨額	項　目	外貨額	換算レート	円貨額
売上原価	1,940	※1	191,310	売上	2,770	98(AR)	271,460
商品評価損	6	※2	1,320				
貸倒引当金繰入額	7	95(CR)	665				
減価償却費	28	※3	2,776				
営業費	294	94(HR)	27,636				
支払利息	18	※4	1,596				
為替差損	－	※5	3,618				
当期純利益	477	※6	42,539				
	2,770		271,460		2,770		271,460

※1　売上原価（円貨）：238千ドル（期首商品）×@103円（ＨＲ）＋1,952千ドル（当期仕入）×@98円（ＡＲ）
－250千ドル（期末商品）×@98円（ＨＲ）＝191,310

※2　商品評価損

帳簿価額：250千ドル×@98円（ＨＲ）＝24,500

正味売却価額：244千ドル×@95円（当期ＣＲ）＝23,180

商品評価損：24,500－23,180＝1,320

※　商品評価損は円貨の差額で算定する。その際に、正味売却価額244千ドルは期末時の外貨額になるため、換算相場も期末時の為替相場で換算することに留意すること。

※3　減価償却費：200千ドル÷10年×@102円（ＨＲ）＋120千ドル÷10年×８ヶ月／12ヶ月×@92円（ＨＲ）＝2,776

※４　支払利息：△12千ドル（期首再振替）×@100円（前期ＣＲ）＋18千ドル（当期支払）×@92円（ＨＲ）
＋12千ドル（期末見越計上）×@95円（当期ＣＲ）＝1,596

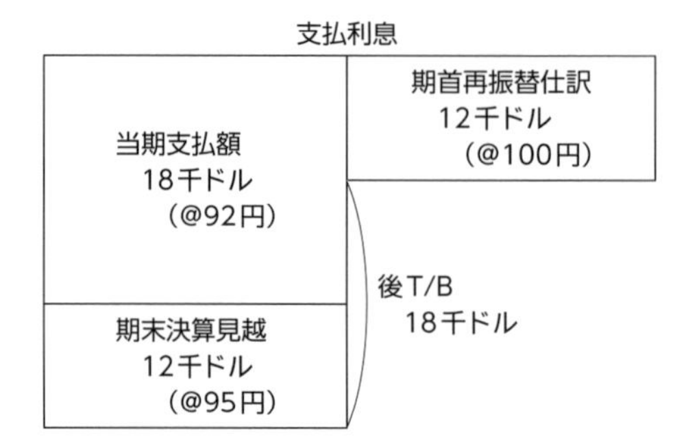

※５　為替差損：差額

※６　当期純利益：貸借対照表で算定された当期純利益

第34章

在外子会社

34-1 在外子会社

重要度A　／□　／□　／□

P社とS社は支配従属関係にあり、連結に関する資料は次に示すとおりである。よって、×4年3月末の連結損益計算書及び連結貸借対照表を作成しなさい。

1．両社の個別財務諸表は、次のとおりである。　　　　（単位：P社千円、S社千ドル）

損益計算書

×3年4月1日～×4年3月31日

勘定科目	P社	S社	勘定科目	P社	S社
売上原価	7,000,000	14,500	売上	9,600,000	25,000
販売費及び一般管理費	1,600,000	7,000	営業外収益	250,000	1,000
営業外費用	450,000	1,500			
当期純利益	800,000	3,000			
	9,850,000	26,000		9,850,000	26,000

貸借対照表

×4年3月31日現在

勘定科目	P社	S社	勘定科目	P社	S社
流動資産	4,500,000	15,000	流動負債	3,700,000	5,000
固定資産	8,500,000	10,000	固定負債	3,000,000	7,000
			資本金	2,000,000	2,000
			資本剰余金	500,000	1,800
			利益剰余金	3,800,000	9,200
	13,000,000	25,000		13,000,000	25,000

2．その他の参考事項

(1)　S社株式の取得状況及びS社の資本勘定の推移

取得年月日	取得割合	資本金	資本剰余金	利益剰余金
×2年3月31日	60%	2,000千ドル	1,800千ドル	6,000千ドル
×3年3月31日	－	2,000千ドル	1,800千ドル	7,200千ドル

※1　S社株式の取得原価は、6,452千ドルである。

※2　×2年3月31日のS社の土地の時価は2,000千ドル（簿価1,800千ドル）である。

※3　のれんは発生した年度の翌期から10年間に渡って均等額の償却を行う。

(2)　P社の、当期の株主配当金は、300,000千円である。なお、財源は利益剰余金である。

(3)　S社の株主配当金は、以下のとおりである。なお、財源は利益剰余金である。

×2年6月25日：800千ドル　　×3年6月25日：1,000千ドル

(4)　P社の営業外収益にはS社からの受取利息57,500千円（500千ドル）が含まれている。

(5) 為替相場

×２年３月31日：１ドル＝100円　×２年４月１日～×３年３月31日：１ドル＝106円
×２年６月25日：１ドル＝103円　×３年４月１日～×４年３月31日：１ドル＝114円
×３年３月31日：１ドル＝110円　×３年６月25日：１ドル＝112円
×４年３月31日：１ドル＝120円

(6) 法定実効税率は40％とし、資本連結における資産及び負債の時価評価に係る評価差額についてのみ税効果会計を適用するものとする。

■解答欄

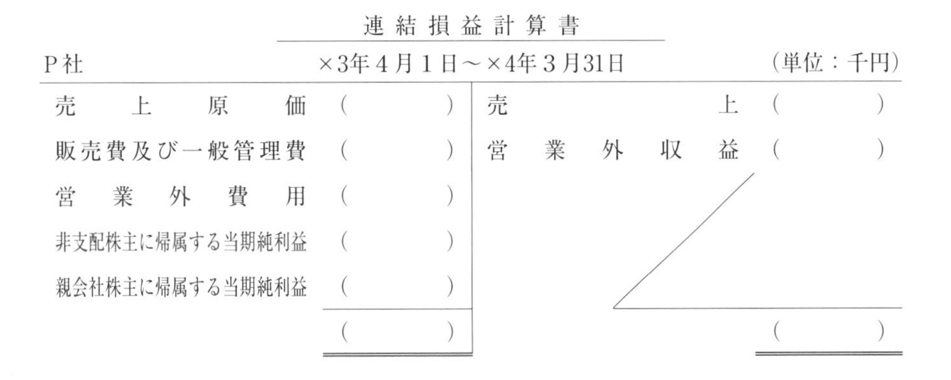

連結損益計算書

P社　×3年４月１日～×4年３月31日　(単位：千円)

売上原価	(　　　)	売上	(　　　)
販売費及び一般管理費	(　　　)	営業外収益	(　　　)
営業外費用	(　　　)		
非支配株主に帰属する当期純利益	(　　　)		
親会社株主に帰属する当期純利益	(　　　)		
	(　　　)		(　　　)

連結貸借対照表

P社　×4年３月31日現在　(単位：千円)

流動資産	(　　　)	流動負債	(　　　)
固定資産	(　　　)	固定負債	(　　　)
		資本金	(　　　)
		資本剰余金	(　　　)
		利益剰余金	(　　　)
		為替換算調整勘定	(　　　)
		非支配株主持分	(　　　)
	(　　　)		(　　　)

解答・解説 在外子会社

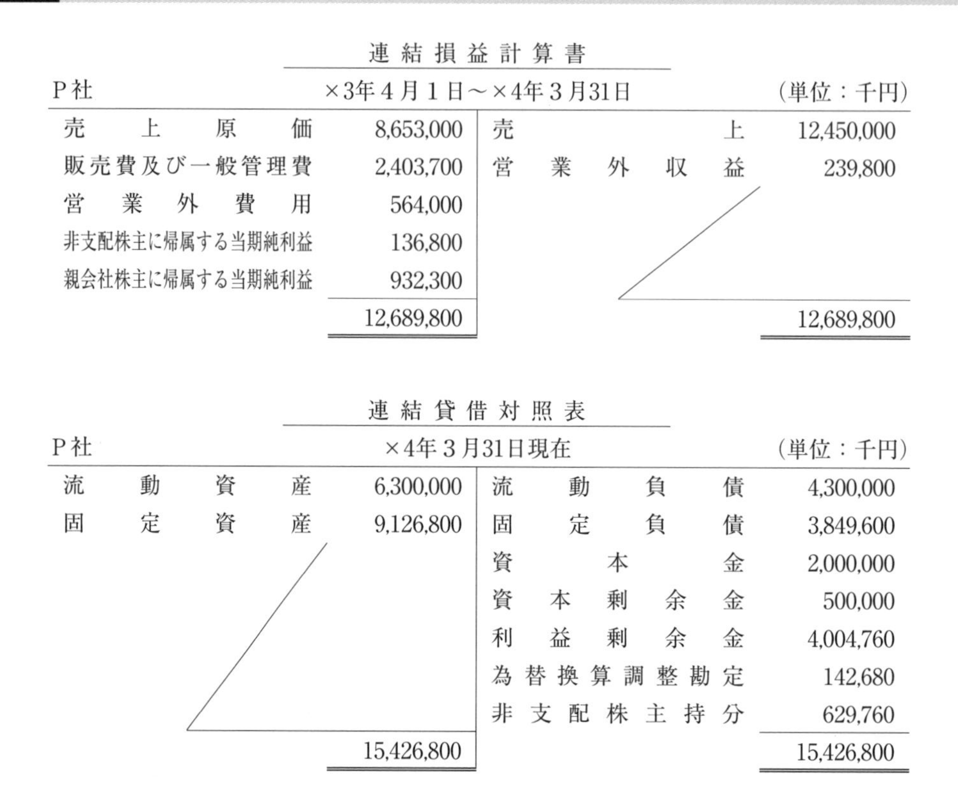

連結損益計算書

P社　×3年4月1日～×4年3月31日　(単位：千円)

借方	金額	貸方	金額
売上原価	8,653,000	売上	12,450,000
販売費及び一般管理費	2,403,700	営業外収益	239,800
営業外費用	564,000		
非支配株主に帰属する当期純利益	136,800		
親会社株主に帰属する当期純利益	932,300		
	12,689,800		12,689,800

連結貸借対照表

P社　×4年3月31日現在　(単位：千円)

借方	金額	貸方	金額
流動資産	6,300,000	流動負債	4,300,000
固定資産	9,126,800	固定負債	3,849,600
		資本金	2,000,000
		資本剰余金	500,000
		利益剰余金	4,004,760
		為替換算調整勘定	142,680
		非支配株主持分	629,760
	15,426,800		15,426,800

＜タイム・テーブル＞（単位：千円）

	+60% 〈HR100〉 ×2.3	〈AR106/HR103〉 (60%)	〈CR110〉 ×3.3	〈AR114/HR112〉 (60%)	〈CR120〉 ×4.3
資本金	200,000 ($2,000)		200,000 ($2,000)		200,000 ($2,000)
資本剰余金	180,000 ($1,800)	利益+212,000※2 (127,200・84,800)→	180,000 ($1,800)	利益+342,000※6 (205,200・136,800)→	180,000 ($1,800)
利益剰余金	600,000 ($6,000)	配当△82,400※4 (△49,440・△32,960)	729,600 ($7,200)	配当△112,000※7 (△67,200・△44,800)	959,600 ($9,200)
評価差額	12,000 ($ 120)		12,000 ($ 120)		12,000 ($ 120)
為替換算調整勘定	―	+101,600 (60,960・40,640)→	差額 (101,600)	+121,200 (72,720・48,480)→	差額 (222,800)
合計	992,000 ($9,920) 非396,800	CR換算	1,223,200 ($11,120) 非489,280	CR換算	1,574,400 ($13,120) 非629,760
P社持分	595,200 ($5,952)※1				
取得原価	645,200 ($6,452)				
のれん(仕訳)	50,000 ($ 500)	△5,300※5→	44,700 ($ 450)	△5,700※8→	39,000 ($ 400)
のれん(B/S)	50,000 ($ 500)	CR換算	49,500 ($ 450)	CR換算	48,000 ($ 400)
為替換算調整勘定(のれん)	0		4,800		9,000

※1　P社持分：×2.3 S社資本勘定992,000（外貨9,920千ドル）×2.3 P社取得60％＝595,200（外貨5,952千ドル）

※2　前期純利益（円貨）：純利益2,000千ドル※2×前期ＡＲ106円＝212,000

※3　前期純利益（外貨）：前期首利益剰余金6,000千ドル－前期配当800千ドル＋前期純利益Ｘ千ドル＝前期末利益剰余金7,200千ドル
∴Ｘ＝2,000千ドル

※4　前期配当金（円貨）：配当800千ドル×前期ＨＲ103円＝△82,400

※5　前期のれん償却（円貨）：のれん償却額50千ドル×前期ＡＲ106円＝5,300

※6　当期純利益（円貨）：純利益3,000千ドル×当期ＡＲ114円＝342,000

※7　前期配当金（円貨）：配当1,000千ドル×当期ＨＲ112円＝△112,000

※8　当期のれん償却（円貨）：のれん償却額50千ドル×当期ＡＲ114円＝5,700

1．評価差額の計上

<外貨建> （単位：千ドル）

（借）固定資産（土地）	200	（貸）評価差額	120※1
		固定負債（繰延税金負債）	80

※1　評価差額：{2,000千ドル（時価）－1,800千ドル（簿価）}×60％＝120千ドル

2．財務諸表項目の換算

損益計算書

×3年4月1日～×4年3月31日

項目	外貨額	換算相場	円貨額	項目	外貨額	換算相場	円貨額
売上原価	14,500	AR 114	1,653,000	売上	25,000	AR 114	2,850,000
販売費及び一般管理費	7,000	AR 114	798,000	営業外収益	1,000	AR 114	114,000
営業外費用	1,500	※1	171,500	営業外収益(為替差益)	—	※2	500
当期純利益	3,000	AR 114	342,000				
合計	26,000	—	2,964,500	合計	26,000	—	2,964,500

※1　営業外費用：1,000千ドル（P社への支払利息以外）×@114円（AR）＋57,500（P社への支払利息）＝171,500

※2　為替差益：貸借差額

株主資本等変動計算書（利益剰余金）

×3年4月1日～×4年3月31日

項目	外貨額	換算相場	円貨額	項目	外貨額	換算相場	円貨額
配当金	1,000	HR 112	112,000	利益剰余金期首残高	7,200	※1	729,600
利益剰余金期末残高	9,200	※2	959,600	当期純利益	3,000	AR 114	342,000
合計	10,200	—	1,071,600	合計	10,200	—	1,071,600

※1　利益剰余金期首残高

6,000千ドル（×2年3月31日利益剰余金）×@100円（HR）＋2,000千ドル（×2年度当期純利益）×@106円（AR）

－800千ドル（×2年度配当金）×@103円（HR）＝729,600

※2　利益剰余金期末残高：貸借差額

貸借対照表（評価差額計上後）

×4年3月31日

項目	外貨額	換算相場	円貨額	項目	外貨額	換算相場	円貨額
流動資産	15,000	CR 120	1,800,000	流動負債	5,000	CR 120	600,000
固定資産	10,200	CR 120	1,224,000	固定負債	7,080	CR 120	849,600
				資本金	2,000	HR 100	200,000
				資本剰余金	1,800	HR 100	180,000
				評価差額	120	HR 100	12,000
				利益剰余金	9,200	※1	959,600
				為替換算調整勘定	—	※2	222,800
合計	25,200	—	3,024,000	合計	25,200	—	3,024,000

※1　利益剰余金：株主資本等変動計算書の利益剰余金期末残高の金額

※2　為替換算調整勘定：貸借差額

3．連結修正仕訳

(1) 開始仕訳

① 投資と資本の相殺消去（×２年３月31日）

（借）	資　本　金－当期首残高	200,000	（貸）	固定資産（Ｓ社株式）	645,200
	資本剰余金－当期首残高	180,000		非支配株主持分－当期首残高	396,800※1
	利益剰余金－当期首残高	600,000			
	評　価　差　額	12,000			
	固定資産（のれん）	50,000※2			

※1　非支配株主持分：9,920千ドル（×２年３月31日資本合計）×@100円（ＨＲ）×40％＝396,800
※2　のれん：500千ドル（外貨額）×@100円（ＨＲ）＝50,000
　※　のれん（外貨額）：6,452千ドル（取得価額）－9,920千ドル（×２年３月31日資本合計）×60％＝500千ドル

② 前期ののれん償却

（借）	利益剰余金－当期首残高	5,300	（貸）	固定資産（のれん）	5,300

※　500千ドル÷10年×@106円（ＡＲ）＝5,300

③ 前期の当期純利益の非支配株主への按分

（借）	利益剰余金－当期首残高	84,800	（貸）	非支配株主持分－当期首残高	84,800

※　2,000千ドル×@106円（ＡＲ）×40％（非持比率）＝84,800

④ 前期の剰余金の配当の修正

（借）	非支配株主持分－当期首残高	32,960	（貸）	利益剰余金－当期首残高	32,960

※　800千ドル×@103円（ＨＲ）×40％（非持比率）＝32,960

⑤ 前期末の為替換算調整勘定の按分及びのれんの為替換算調整勘定の認識

（借）	為替換算調整勘定－当期首残高	40,640※1	（貸）	非支配株主持分－当期首残高	40,640
（借）	固定資産（のれん）	4,800	（貸）	為替換算調整勘定－当期首残高	4,800

※1　為替換算調整勘定の按分：101,600（資本に係る為替換算調整勘定）×40％（非持比率）＝40,640

⑥ 開始仕訳（上記仕訳の合算）

（借）	資　本　金－当期首残高	200,000	（貸）	固定資産（Ｓ社株式）	645,200
	資本剰余金－当期首残高	180,000		非支配株主持分－当期首残高	489,280※2
	利益剰余金－当期首残高	657,140			
	為替換算調整勘定－当期首残高	35,840			
	評　価　差　額	12,000			
	固定資産（のれん）	49,500※1			

※1　のれん：500千ドル×９年／10年×110円（ＣＲ）＝49,500
※2　非支配株主持分：11,120千ドル×110円（ＣＲ）×40％（非持比率）＝244,640

(2) 当期ののれん償却

(借) 販売費及び一般管理費(のれん償却額)	5,700	(貸) 固定資産(のれん)	5,700

※ 500千ドル÷10年×@114円(AR)=5,700

(3) 当期の当期純利益の非支配株主への按分

(借) 非支配株主に帰属する当期純損益	136,800	(貸) 非支配株主持分－当期変動額	136,800

※ 3,000千ドル×@114円(AR)×40%(非持比率)=136,800

(4) 剰余金の配当の修正

(借) 営業外収益(受取配当金)	67,200※1	(貸) 利益剰余金－剰余金の配当	112,000
非支配株主持分－当期変動額	44,800		

※1 営業外収益:1,000千ドル×112円(HR)×60%(P社比率)=89,600

(5) 当期の為替換算調整勘定の按分及びのれんの為替換算調整勘定の認識

(借) 為替換算調整勘定－当期変動額	48,480※1	(貸) 非支配株主持分－当期変動額	48,480
(借) 固定資産(のれん)	4,200※2	(貸) 為替換算調整勘定－当期変動額	4,200

※1 資本に係る為替換算調整勘定の按分:{222,800(当期末)－101,600(前期末)}×40%(非持比率)=48,480
※2 のれんに係る為替換算調整勘定:9,000(当期末)－4,800(前期末)=4,200

(6) 受取利息と支払利息の相殺

(借) 営業外収益(受取利息)	57,500	(貸) 営業外費用(支払利息)	57,500

4. 財務諸表の金額

販売費及び一般管理費:1,600,000(P社)+798,000(S社)+5,700(のれん償却額)=2,403,700
営業外収益:250,000(P社)+114,500(S社)－67,200(受取配当金)－57,500(受取利息)
=239,800

※ S社営業外収益114,500は為替差益を含んだ金額。

営業外費用:450,000(P社)+171,500(S社)－57,500(支払利息)=564,000
親会社株主に帰属する当期純利益:800,000(P社)+205,200(S社利益×持分割合)
－67,200(S社配当×持分割合)－5,700(のれん償却額)=932,300
固定資産
P社:8,500,000－645,200(子会社株式)=7,854,800
S社:1,224,000
のれん:500千ドル×8年/10年×@120円(CR)=48,000
合計:7,854,800+1,224,000+48,000=9,126,800
利益剰余金:3,800,000(P社)+77,760(期首取得後剰余金)
+138,000(当期取得後剰余金)－5,300(前期のれん償却額)
－5,700(当期のれん償却額)=4,004,760

※ 期首取得後剰余金:(212,000－82,400)×60%=77,760
※ 当期取得後剰余金:(342,000－112,000)×60%=138,000

為替換算調整勘定
資本:222,800×60%=133,680
のれん:9,000
合計:133,680+9,000=142,680
非支配株主持分:13,120千ドル(×4年3月31日資本合計)×@120円(CR)×40%=629,760

5．包括利益計算書（参考）

当期純利益	1,069,100※1
その他の包括利益：	
為替換算調整勘定	125,400※2
その他の包括利益合計	125,400
包括利益	1,194,500
（内訳）	
親会社株主に係る包括利益	1,009,220※3
非支配株主に係る包括利益	185,280※4

※1　当期純利益

800,000（P社当期純利益）＋342,000（S社円換算後の当期純利益）－5,700（のれん償却額）－67,200（受取配当金の相殺）＝1,069,100

※2　為替換算調整勘定

資本に係る為替換算調整勘定：222,800（×4年3月31日資本に係る為替換算調整勘定）
－101,600（×3年3月31日資本に係る為替換算調整勘定）＝121,200

のれんに係る為替換算調整勘定：9,000－4,800＝4,200

合計：121,200＋4,200＝125,400

※3　親会社株主に係る包括利益

800,000（P社当期純利益）＋342,000（S社円換算後の当期純利益）×60%
＋121,200（資本に係るS社為替換算調整勘定の変動額）×60%－5,700（のれん償却額）
－67,200（受取配当金の相殺）＋4,200（のれんに係る為替換算調整勘定の変動額）＝1,009,220

または、1,194,500（包括利益）－185,280（非支配株主に係る包括利益※4）＝1,009,220

※4　非支配株主に係る包括利益

342,000（S社円換算後の当期純利益）×40%＋121,200（資本に係る為替換算調整勘定の変動額）×40%＝185,280

34-2 理論問題

重要度B　／□　／□　／□

次の文章について、正しいと思うものには○印を、正しくないと思うものには×印を解答欄に記入しなさい。

(1) 在外支店の換算に当たり、前受金は外貨建金銭債権債務に該当するので決算日の為替相場による円換算額を付することとなる。

(2) 在外子会社の換算について、資産及び負債の換算に用いる為替相場と資本に属する項目の換算に用いる為替相場とが異なることによって生じる換算差額は、為替換算調整勘定として、純資産の部に計上することとなる。

(3) 在外支店の外国通貨で表示された財務諸表項目の換算にあたり、非貨幣性項目の額に重要性がない場合には、支店における本店勘定等を除くすべての財務諸表項目について決算時の為替相場による円換算額を付することができる。

(4) 在外子会社の財務諸表項目の換算において、親会社との取引による収益及び費用は親会社が換算に用いる為替相場により換算する。この場合に生じる差額は為替換算調整勘定として処理する。

(5) 在外支店の換算は現地主義に基づいており、在外子会社の換算は本国主義に基づいている。

■解答欄

1		2		3		4		5	

解答・解説 理論問題

1	×	2	○	3	○	4	×	5	×

(1) 誤り

前受金、前受収益等の収益性負債の収益化額については、当該負債の発生時の為替相場による円換算額を付する。

(2) 正しい

(3) 正しい

(4) 誤り

親会社との取引による収益及び費用の換算については、親会社が換算に用いる為替相場による。この場合に生じる差額は当期の為替差損益として処理する。

(5) 誤り

在外支店の換算は本国主義に基づいており、在外子会社の換算は現地主義に基づいている。

第35章

個別キャッシュ・フロー計算書

35-1 直接法

重要度C　／□　／□　／□

次の資料に基づき、当期のキャッシュ・フロー計算書（直接法）における各金額を答えなさい。なお、解答する金額がマイナスとなる場合には、金額の前に△の記号を付すこと。

〔資料〕

1．前期末及び当期末の貸借対照表（一部）及び当期の損益計算書（一部）

貸借対照表　（単位：千円）

勘定科目	前期末	当期末	勘定科目	前期末	当期末
受取手形	30,000	29,000	支払手形	139,000	143,600
売掛金	315,000	324,000	買掛金	201,500	196,000
貸倒引当金	△10,350	△10,590			
商品	151,200	161,600			

損益計算書　（単位：千円）

売上原価	3,516,000	売上高	5,006,000
貸倒引当金繰入額	9,840		
貸倒損失	1,800		

2．売上債権残高に対して、差額補充法により貸倒引当金を設定している。

■解答欄

営業収入	千円
商品の仕入れによる支出	千円

解答・解説 直接法

営業収入	4,986,600千円
商品の仕入れによる支出	△3,527,300千円

1．営業収入の勘定分析（単位：千円）

営　業　収　入

借方	金額	貸方	金額
損益計算書の売上高	5,006,000	期末・売掛金	324,000
期首・売掛金	315,000	期末・受取手形	29,000
期首・受取手形	30,000	貸倒引当金	9,600※
		貸倒損失	1,800
		営業収入	4,986,600
	5,351,000		5,351,000

※　10,350（期首）＋9,840（繰入額）－10,590（期末）＝9,600

2．商品の仕入れによる支出の勘定分析

商品の仕入れによる支出

借方	金額	貸方	金額
期末・支払手形	143,600	損益計算書の仕入高	3,526,400※
期末・買掛金	196,000	期首・支払手形	139,000
商品の仕入れによる支出	3,527,300	期首・買掛金	201,500
	3,866,900		3,866,900

※　151,200（期首商品）＋X（仕入高）－161,600（期末商品）＝3,516,000（売上原価）

∴　X＝3,526,400

35-2 間接法

重要度A　／□　／□　／□

次の資料に基づき、当期のキャッシュ・フロー計算書（間接法）を作成しなさい。なお、解答する金額がマイナスとなる場合には、金額の前に△の記号を付すこと。

1．キャッシュ・フロー計算書作成に係る留意事項

(1) 未払費用はすべて営業費の支出に係るものである。

(2) 有価証券はすべて売買目的有価証券である。また、投資有価証券はすべてその他有価証券（株式）である。どちらも当期中に売却は行っていない。

(3) 利息及び配当金の受取額は「投資活動に係るキャッシュ・フロー」の区分に、また利息の支払額は、「財務活動によるキャッシュ・フロー」の区分に記載する方法による。なお、剰余金の配当及び処分は行っていない。

2．前期末及び当期末の貸借対照表及び当期の損益計算書

貸　借　対　照　表　（単位：千円）

勘定科目	前期末	当期末	勘定科目	前期末	当期末
現金及び預金	11,200	21,825	仕入債務	168,000	165,000
売上債権	136,000	165,000	未払費用	2,400	3,840
貸倒引当金	△2,040	△2,625	未払法人税等	3,100	2,700
有価証券	9,500	10,500	長期借入金	80,000	120,000
棚卸資産	12,500	14,100	資本金	150,000	150,000
建物	300,000	300,000	繰越利益剰余金	7,660	14,510
減価償却累計額	△81,000	△87,750	その他有価証券評価差額金	10,000	14,000
投資有価証券	35,000	49,000			
	421,160	470,050		421,160	470,050

損　益　計　算　書　（単位：千円）

Ⅰ 売上高		890,000
Ⅱ 売上原価		680,750
売上総利益		209,250
Ⅲ 販売費及び一般管理費		
1 営業費	177,200	
2 貸倒引当金繰入額	1,850	
3 貸倒損失	4,500	
4 減価償却費	6,750	190,300
営業利益		18,950
Ⅳ 営業外収益		
1 受取利息及び配当金	620	
2 有価証券評価益	950	1,570
Ⅴ 営業外費用		
1 支払利息		7,800
税引前当期純利益		12,720
法人税、住民税及び事業税		5,870
当期純利益		6,850

■解答欄

キャッシュ・フロー計算書　（単位：千円）

Ⅰ　営業活動によるキャッシュ・フロー	
税引前当期純利益	(　　　)
減価償却費	(　　　)
貸倒引当金の増加額	(　　　)
受取利息及び配当金	(　　　)
有価証券評価益	(　　　)
支払利息	(　　　)
売上債権の増加額	(　　　)
棚卸資産の増加額	(　　　)
仕入債務の減少額	(　　　)
未払費用の増加額	(　　　)
小　計	(　　　)
法人税等の支払額	(　　　)
営業活動によるキャッシュ・フロー	(　　　)
Ⅱ　投資活動によるキャッシュ・フロー	
利息及び配当金の受取額	(　　　)
有価証券の取得による支出	(　　　)
投資有価証券の取得による支出	(　　　)
投資活動によるキャッシュ・フロー	(　　　)
Ⅲ　財務活動によるキャッシュ・フロー	
利息の支払額	(　　　)
長期借入れによる収入	(　　　)
財務活動によるキャッシュ・フロー	(　　　)
Ⅳ　現金及び現金同等物の増加額	(　　　)
Ⅴ　現金及び現金同等物の期首残高	(　　　)
Ⅵ　現金及び現金同等物の期末残高	(　　　)

解答・解説 間接法

キャッシュ・フロー計算書	（単位：千円）
Ⅰ 営業活動によるキャッシュ・フロー	
税引前当期純利益	12,720※1
減価償却費	6,750※1
貸倒引当金の増加額	585※2
受取利息及び配当金	△620※1
有価証券評価益	△950※1
支払利息	7,800※1
売上債権の増加額	△29,000※3
棚卸資産の増加額	△1,600※4
仕入債務の減少額	△3,000※5
未払費用の増加額	1,440※6
小　計	△5,875
法人税等の支払額	△6,270※7
営業活動によるキャッシュ・フロー	△12,145
Ⅱ 投資活動によるキャッシュ・フロー	
利息及び配当金の受取額	620※1
有価証券の取得による支出	△50※8
投資有価証券の取得による支出	△10,000※9
投資活動によるキャッシュ・フロー	△9,430
Ⅲ 財務活動によるキャッシュ・フロー	
利息の支払額	△7,800※1
長期借入れによる収入	40,000※10
財務活動によるキャッシュ・フロー	32,200
Ⅳ 現金及び現金同等物の増加額	10,625※13
Ⅴ 現金及び現金同等物の期首残高	11,200※11
Ⅵ 現金及び現金同等物の期末残高	21,825※12

1．各金額（単位：千円）

※１　損益計算書計上額

※２　2,625（当期末Ｂ／Ｓ）－2,040（前期末Ｂ／Ｓ）＝585

※３　136,000（前期末Ｂ／Ｓ）－165,000（当期末Ｂ／Ｓ）＝△29,000

※４　12,500（前期末Ｂ／Ｓ）－14,100（当期末Ｂ／Ｓ）＝△1,600

※５　165,000（当期末Ｂ／Ｓ）－168,000（前期末Ｂ／Ｓ）＝△3,000

※６　3,840（当期末Ｂ／Ｓ）－2,400（前期末Ｂ／Ｓ）＝1,440

※７　下記勘定分析参照

法人税等の支払額

期末・未払法人税等	2,700	法人税等	5,870
法人税等の支払額	6,270	期首・未払法人税等	3,100
	8,970		8,970

※８　9,500（前期末Ｂ／Ｓ）－{10,500（当期末Ｂ／Ｓ）－950（有価証券評価益）}＝△50

※９　{35,000（前期末Ｂ／Ｓ投有）－10,000（前期末Ｂ／Ｓ差額金）}

－{49,000（当期末Ｂ／Ｓ投有）－14,000（当期末Ｂ／Ｓ差額金）}＝△10,000

※10　120,000（当期末Ｂ／Ｓ）－80,000（前期末Ｂ／Ｓ）＝40,000

※11　11,200（前期末Ｂ／Ｓ）

※12　21,825（当期末Ｂ／Ｓ）

※13　21,825（当期末Ｂ／Ｓ）－11,200（前期末Ｂ／Ｓ）＝10,625

2．留意点

・間接法によるキャッシュ・フロー計算書は、税引前当期純利益からスタートする点に留意すること。

・営業費に係る未払費用は、営業活動に係る負債の増減であるため、小計の上に計上する。

・貸倒損失、貸倒引当金繰入額は、営業活動に係る資産・負債に係る項目であるため、小計の上に計上しない。

・利息及び配当金の受取額、利息の支払額は、貸借対照表に経過勘定が計上されていないため、損益計算書の計上額がキャッシュ・フロー計算書の計上額となる。

35-3 総合問題

重要度B　／□　／□　／□

次の資料に基づき、解答欄に示した当期のキャッシュ・フロー計算書を作成しなさい。なお、解答する金額がマイナスとなる場合には、金額の前に△の記号を付すこと。

1．前期末及び当期末の貸借対照表及び当期の損益計算書

貸　借　対　照　表　　　　　　(単位：千円)

勘定科目	前期末	当期末	勘定科目	前期末	当期末
現金預金	36,240	103,403	支払手形	18,500	17,500
受取手形	24,000	28,000	買掛金	34,000	36,500
売掛金	54,000	51,000	預り金	1,740	1,920
貸倒引当金	△1,560	△1,580	未払金	−	15,000
有価証券	29,340	32,530	役員賞与引当金	4,000	5,000
商品	19,580	18,950	短期借入金	15,000	13,000
短期貸付金	20,000	18,000	未払費用	930	1,288
前払費用	457	398	前受収益	−	192
未収収益	154	−	未払法人税等	5,650	2,180
建物	180,000	180,000	退職給付引当金	68,000	75,400
備品	65,000	74,000	資本金	356,000	406,000
減価償却累計額	△76,050	△77,580	資本準備金	80,000	90,000
土地	254,000	254,000	利益準備金	12,000	13,000
商標権	1,800	1,500	任意積立金	64,000	80,000
投資有価証券	76,540	76,540	繰越利益剰余金	39,681	18,181
長期貸付金	16,000	16,000			
	699,501	775,161		699,501	775,161

損　益　計　算　書

（単位：千円）

Ⅰ 売上高		300,000
Ⅱ 売上原価		210,000
売上総利益		90,000
Ⅲ 販売費及び一般管理費		
1 給与手当	33,900	
2 貸倒引当金繰入額	1,220	
3 役員賞与引当金繰入額	5,000	
4 貸倒損失	400	
5 商標権償却	300	
6 退職給付費用	7,400	
7 減価償却費	10,980	
8 その他の販売費及び一般管理費	17,480	76,680
営業利益		13,320
Ⅳ 営業外収益		
1 受取利息及び配当金	5,810	
2 有価証券売却益	2,940	8,750
Ⅴ 営業外費用		
1 支払利息	9,360	
2 有価証券評価損	960	10,320
経常利益		11,750
Ⅵ 特別損失		
1 備品売却損		550
税引前当期純利益		11,200
法人税、住民税及び事業税		5,700
当期純利益		5,500

2．剰余金に関する事項

当期における定時株主総会で、下記のとおり利益剰余金を財源とした剰余金の配当及び処分が確定した。なお、当期中に配当金の支払を実施している。

利益準備金　1,000千円　　任意積立金　16,000千円　　配当金　10,000千円

3．有形固定資産に関する事項

(1) 当期首に備品の一部を売却している。なお、売却した備品の取得原価は15,000千円、減価償却累計額は9,450千円である。

(2) 期中に備品を24,000千円で購入し、代金のうち9,000千円は小切手で支払い、残額は翌期に支払う契約である。

4．有価証券に関する事項

(1) 当期中の有価証券の購入高は38,600千円である。

(2) 当期中の有価証券の売却高は37,390千円である。なお、売却簿価は34,450千円である。

5．短期貸付金に関する事項

(1) 当期貸付高　18,000千円

(2) 当期回収高　20,000千円

6．経過勘定の内訳

(1) 前期末

前払費用はその他の販売費及び一般管理費290千円、支払利息167千円である。

未払費用は全額その他の販売費及び一般管理費である。

未収収益は全額受取利息に係るものである。

(2) 当期末

前払費用は全額その他の販売費及び一般管理費である。

未払費用はその他の販売費及び一般管理費964千円、支払利息324千円である。

前受収益は全額受取利息に係るものである。

7．当期中の新株発行による資金調達額は60,000千円である。

8．現金預金は全て現金及び現金同等物に該当する。なお、有価証券には現金同等物に該当するものはない。

■解答欄

・直接法

キャッシュ・フロー計算書

×5年4月1日～×6年3月31日　（単位：千円）

Ⅰ　営業活動によるキャッシュ・フロー	
営業収入	(　　　)
商品の仕入れによる支出	(　　　)
人件費の支出	(　　　)
その他の営業支出	(　　　)
小　計	(　　　)
利息及び配当金の受取額	(　　　)
利息の支払額	(　　　)
法人税等の支払額	(　　　)
営業活動によるキャッシュ・フロー	(　　　)
Ⅱ　投資活動によるキャッシュ・フロー	
有価証券の取得による支出	(　　　)
有価証券の売却による収入	(　　　)
有形固定資産の取得による支出	(　　　)
有形固定資産の売却による収入	(　　　)
貸付けによる支出	(　　　)
貸付金の回収による収入	(　　　)
投資活動によるキャッシュ・フロー	(　　　)
Ⅲ　財務活動によるキャッシュ・フロー	
短期借入れによる収入	(　　　)
短期借入金の返済による支出	(　　　)
株式の発行による収入	(　　　)
配当金の支払額	(　　　)
財務活動によるキャッシュ・フロー	(　　　)
Ⅳ　現金及び現金同等物の増加額	(　　　)
Ⅴ　現金及び現金同等物の期首残高	(　　　)
Ⅵ　現金及び現金同等物の期末残高	(　　　)

・間接法（小計まで）

キャッシュ・フロー計算書

×5年4月1日～×6年3月31日　（単位：千円）

Ⅰ　営業活動によるキャッシュ・フロー	
税引前当期純利益	(　　　)
減価償却費	(　　　)
商標権償却	(　　　)
退職給付引当金の増加額	(　　　)
貸倒引当金の増加額	(　　　)
役員賞与引当金の増加額	(　　　)
受取利息及び配当金	(　　　)
有価証券売却益	(　　　)
支払利息	(　　　)
有価証券評価損	(　　　)
備品売却損	(　　　)
売上債権の増加額	(　　　)
棚卸資産の減少額	(　　　)
仕入債務の増加額	(　　　)
預り金の増加額	(　　　)
前払費用の増加額	(　　　)
未払費用の増加額	(　　　)
小　計	(　　　)

解答・解説 総合問題

・直接法

キャッシュ・フロー計算書
×5年4月1日～×6年3月31日 (単位：千円)

Ⅰ 営業活動によるキャッシュ・フロー	
営業収入	297,400※1
商品の仕入れによる支出	△207,870※2
人件費の支出	△37,720※3
その他の営業支出	△17,554※4
小　計	34,256
利息及び配当金の受取額	6,156※5
利息の支払額	△8,869※6
法人税等の支払額	△9,170※7
営業活動によるキャッシュ・フロー	22,373
Ⅱ 投資活動によるキャッシュ・フロー	
有価証券の取得による支出	△38,600※8
有価証券の売却による収入	37,390※9
有形固定資産の取得による支出	△9,000※10
有形固定資産の売却による収入	5,000※11
貸付けによる支出	△18,000※12
貸付金の回収による収入	20,000※13
投資活動によるキャッシュ・フロー	△3,210
Ⅲ 財務活動によるキャッシュ・フロー	
短期借入れによる収入	13,000※14
短期借入金の返済による支出	△15,000※15
株式の発行による収入	60,000※16
配当金の支払額	△10,000※17
財務活動によるキャッシュ・フロー	48,000
Ⅳ 現金及び現金同等物の増加額	67,163※20
Ⅴ 現金及び現金同等物の期首残高	36,240※18
Ⅵ 現金及び現金同等物の期末残高	103,403※19

・間接法（小計まで）

キャッシュ・フロー計算書 ×5年4月1日～×6年3月31日	（単位：千円）
Ⅰ　営業活動によるキャッシュ・フロー	
税引前当期純利益	11,200※[1]
減価償却費	10,980※[1]
商標権償却	300※[1]
退職給付引当金の増加額	7,400※[2]
貸倒引当金の増加額	20※[3]
役員賞与引当金の増加額	1,000※[4]
受取利息及び配当金	△5,810※[1]
有価証券売却益	△2,940※[1]
支払利息	9,360※[1]
有価証券評価損	960※[1]
備品売却損	550※[1]
売上債権の増加額	△1,000※[5]
棚卸資産の減少額	630※[6]
仕入債務の増加額	1,500※[7]
預り金の増加額	180※[8]
前払費用の増加額	△108※[9]
未払費用の増加額	34※[10]
小　計	34,256

1．直接法の各金額（単位：千円）

※1　下記勘定分析参照

営　業　収　入

借方		貸方	
損益計算書の売上高	300,000	期末・売掛金	51,000
期首・売掛金	54,000	期末・受取手形	28,000
期首・受取手形	24,000	貸倒損失	400
		貸倒引当金	1,200※
		営業収入	297,400
	378,000		378,000

※　1,560（期首）＋1,220（繰入額）－1,580（期末）＝1,200

※2　下記勘定分析参照

商品の仕入れによる支出

借方		貸方	
期末・買掛金	36,500	損益計算書の仕入高	209,370※
期末・支払手形	17,500	期首・買掛金	34,000
商品の仕入による支出	207,870	期首・支払手形	18,500
	261,870		261,870

※　19,580（期首商品）＋X（仕入高）－18,950（期末商品）＝210,000（売上原価）
　∴　X＝209,370

※3　下記勘定分析参照

人件費の支出

借方		貸方	
期末・預り金	1,920	損益計算書の給料等	46,300※
期末・役員賞与引当金	5,000	期首・預り金	1,740
期末・退職給付引当金	75,400	期首・役員賞与引当金	4,000
人件費の支出	37,720	期首・退職給付引当金	68,000
	120,040		120,040

※　33,900（給与手当）＋5,000（役員賞与引当金繰入額）＋7,400（退職給付費用）＝46,300

※4　下記勘定分析参照

その他の営業支出

借方		貸方	
期末・未払費用	964	その他の販売費及び一般管理費	17,480
期首・前払費用	290	期首・未払費用	930
その他の営業支出	17,554	期末・前払費用	398
	18,808		18,808

※　経過勘定はその他の営業支出に関するもののみを調整する。

※5　下記勘定分析参照

利息及び配当の受取額

借方		貸方	
受取利息配当金	5,810	利息及び配当金の受取額	6,156
期首・未収収益	154		
期末・前受収益	192		
	6,156		6,156

※6　下記勘定分析参照

利息の支払額

期首・前払費用	167	支払利息	9,360
期末・未払費用	324		
利息の支払額	8,869		
	9,360		9,360

※7　下記勘定分析参照

法人税等の支払額

期末・未払法人税等	2,180	法人税、住民税及び事業税	5,700
法人税等の支払額	9,170	期首・未払法人税等	5,650
	11,350		11,350

※8　購入高

※9　売却高

※10　下記仕訳参照

(借)	備品	24,000	(貸)	現金預金	9,000
				未払金	15,000

※11　下記仕訳参照

(借)	備品減価償却累計額	9,450	(貸)	備品	15,000
	備品売却損	550			
	現金預金	5,000			

※12　当期貸付高

※13　当期回収高

※14　当期末B/S短期借入金

※15　前期末B/S短期借入金

※16　新株発行による資金調達額

※17　配当金支払額

※18　前期末B/S現金預金

※19　当期末B/S現金預金

※20　103,403（当期末B/S現金預金）－36,240（前期末B/S現金預金）＝67,163

2．間接法の各金額

※1　P／L計上額

※2　75,400（当期末B／S）－68,000（前期末B／S）＝7,400

※3　1,580（当期末B／S）－1,560（前期末B／S）＝20

※4　5,000（当期末B／S）－4,000（前期末B／S）＝1,000

※5　{24,000（前期末B／S受取手形）＋54,000（前期末B／S売掛金）}
　　－{28,000（当期末B／S受取手形）＋51,000（当期末B／S売掛金）}＝△1,000

※6　19,580（前期末B／S）－18,950（当期末B／S）＝630

※7　{17,500（当期末B／S支払手形）＋36,500（当期末B／S買掛金）}
　　－{18,500（前期末B／S支払手形）＋34,000（前期末B／S買掛金）}＝1,500

※8　1,920（当期末B／S）－1,740（前期末B／S）＝180

※9　290（前期末B／Sその他販売費及び一般管理費）－398（当期末B／Sその他の販売費及び一般管理費）＝△108

※10　964（当期末B／Sその他の販売費及び一般管理費）－930（前期末B／Sその他の販売費及び一般管理費）＝34

第36章

連結キャッシュ・フロー計算書

問題	ページ	出題論点
36-1	148	直接法・原則法
36-2	152	間接法・原則法
36-3	158	理論問題①
36-4	160	理論問題②

36-1 直接法・原則法

重要度B　／□　／□　／□

P社はS社株式の60％を取得し、子会社として支配している。ここで〔資料Ⅰ〕及び〔資料Ⅱ〕に基づき、解答欄に示した連結キャッシュ・フロー計算書を作成しなさい。なお、解答する金額がマイナスとなる場合には、金額の前に△の記号を付すこと。

〔資料Ⅰ〕　P社及びS社の個別キャッシュ・フロー計算書

個別キャッシュ・フロー計算書
×4年4月1日～×5年3月31日　（単位：千円）

	P社	S社
Ⅰ 営業活動によるキャッシュ・フロー		
営業収入	5,000,000	1,600,000
商品の仕入れによる支出	△1,600,000	△1,400,000
小　計	3,400,000	200,000
利息及び配当金の受取額	500,000	200,000
利息の支払額	△600,000	△80,000
営業活動によるキャッシュ・フロー	3,300,000	320,000
Ⅱ 投資活動によるキャッシュ・フロー		
子会社株式の取得による支出	△600,000	―
有形固定資産の売却による収入	2,100,000	1,000,000
有形固定資産の取得による支出	△3,000,000	△2,100,000
貸付けによる支出	△1,000,000	△500,000
投資活動によるキャッシュ・フロー	△2,500,000	△1,600,000
Ⅲ 財務活動によるキャッシュ・フロー		
短期借入れによる収入	500,000	2,000,000
新株の発行による収入	400,000	1,000,000
配当金の支払額	△600,000	△400,000
財務活動によるキャッシュ・フロー	300,000	2,600,000
Ⅳ 現金及び現金同等物の増加額	1,100,000	1,320,000
Ⅴ 現金及び現金同等物の期首残高	2,100,000	300,000
Ⅵ 現金及び現金同等物の期末残高	3,200,000	1,620,000

〔資料Ⅱ〕 連結会社間取引等に関する資料

1．商品売買

当期中に、P社はS社に対して商品を掛販売しており、当期のP社のS社に対する商品販売高は1,200,000千円であった。なお、P社の売掛金のうち、S社に対するものは前期末400,000千円、当期末500,000千円である。

2．固定資産の取引

P社は、当期首に土地（帳簿価額2,000,000千円）を2,100,000千円で売却し、現金を受け取った。なお、S社は期末において当該土地を保有している。

3．資金取引

P社は、×4年7月1日に、S社に対して1,000,000千円の貸付を行った。貸付期間は1年、利率は年3％、利払日は6月末及び12月末支払となっている。

■解答欄

連結キャッシュ・フロー計算書

×4年4月1日～×5年3月31日　（単位：千円）

	P社
Ⅰ 営業活動によるキャッシュ・フロー	
営業収入	（　　　）
商品の仕入れによる支出	（　　　）
小　計	（　　　）
利息及び配当金の受取額	（　　　）
利息の支払額	（　　　）
営業活動によるキャッシュ・フロー	（　　　）
Ⅱ 投資活動によるキャッシュ・フロー	
有形固定資産の売却による収入	（　　　）
有形固定資産の取得による支出	（　　　）
貸付けによる支出	（　　　）
投資活動によるキャッシュ・フロー	（　　　）
Ⅲ 財務活動によるキャッシュ・フロー	
短期借入れによる収入	（　　　）
新株の発行による収入	（　　　）
非支配株主からの払込による収入	（　　　）
配当金の支払額	（　　　）
非支配株主への配当金の支払額	（　　　）
財務活動によるキャッシュ・フロー	（　　　）
Ⅳ 現金及び現金同等物の増加額	（　　　）
Ⅴ 現金及び現金同等物の期首残高	（　　　）
Ⅵ 現金及び現金同等物の期末残高	（　　　）

解答・解説 直接法・原則法

連結キャッシュ・フロー計算書

×4年4月1日～×5年3月31日　（単位：千円）

	P社
Ⅰ 営業活動によるキャッシュ・フロー	
営業収入	5,500,000※1
商品の仕入れによる支出	△1,900,000※2
小　計	3,600,000
利息及び配当金の受取額	445,000※3
利息の支払額	△665,000※4
営業活動によるキャッシュ・フロー	3,380,000
Ⅱ 投資活動によるキャッシュ・フロー	
有形固定資産の売却による収入	1,000,000※5
有形固定資産の取得による支出	△3,000,000※6
貸付けによる支出	△500,000※7
投資活動によるキャッシュ・フロー	△2,500,000
Ⅲ 財務活動によるキャッシュ・フロー	
短期借入れによる収入	1,500,000※8
新株の発行による収入	400,000※9
非支配株主からの払込による収入	400,000※10
配当金の支払額	△600,000※11
非支配株主への配当金の支払額	△160,000※12
財務活動によるキャッシュ・フロー	1,540,000
Ⅳ 現金及び現金同等物の増加額	2,420,000※13
Ⅴ 現金及び現金同等物の期首残高	2,400,000※13
Ⅵ 現金及び現金同等物の期末残高	4,820,000※13

1．連結C/S作成のための仕訳（単位：千円）

(1) 営業収入と仕入支出の相殺

(借) 営業収入	1,100,000	(貸) 商品の仕入支出	1,100,000

※　400,000（期首売掛金）＋1,200,000（当期商品売上高）－500,000（期末売掛金）＝1,100,000

(2) 有形固定資産の売却による収入と取得による支出の相殺

(借) 有形固定資産の売却による収入	2,100,000	(貸) 有形固定資産の取得による支出	2,100,000

(3) 借入による収入と貸付による支出の相殺

(借) 短期借入れによる収入	1,000,000	(貸) 貸付けによる支出	1,000,000

(4) 利息の受取額と支払額の相殺

(借) 利息及び配当金の受取額	15,000	(貸) 利息の支払額	15,000

※　1,000,000×３％（利率）×６ヶ月（X4.7～X4.12）／12ヶ月＝15,000（12月末受取分）

※　資金収支額のみを相殺するため、経過勘定を考慮しない点に留意すること。

(5) 子会社の増資の相殺及び振替

親会社側の「子会社株式の取得による支出」と子会社側の「新株の発行による収入」より、子会社の増資1,000,000の内、600,000は親会社が払込を行っており、残額400,000は企業集団外部（非支配株主）からの払込であることが判明する。よって、内部取引の600,000は相殺を行い、非支配株主との取引である400,000は「非支配株主からの払込による収入」に振り替える（配当金に関する修正と同様の考え方）。

(借)			(貸)		
(借)	新株の発行による収入	1,000,000	(貸)	子会社株式の取得による支出	600,000※1
				非支配株主からの払込による収入	400,000※2

※1　子会社株式の取得による支出：1,000,000（増資額）×60%（P社比率）＝600,000
※2　非支配株主からの払込による収入：1,000,000（増資額）×40%（非持比率）＝400,000
※　上記仕訳により、子会社株式の取得による支出は連結C/Sに計上されない。

(6) 子会社の配当金の相殺及び振替

(借)			(貸)		
(借)	利息及び配当金の受取額	240,000※1	(貸)	配当金の支払額	400,000
	非支配株主への配当金の支払額	160,000※2			

※1　利息及び配当金の受取額：400,000（S社配当）×60%（P社比率）＝240,000
※2　非支配株主への配当金の支払額：400,000（S社配当）×40%（非持比率）＝160,000

2．解答の金額

※1　5,000,000（P社）＋1,600,000（S社）－1,100,000（相殺）＝5,500,000
※2　1,600,000（P社）＋1,400,000（S社）－1,100,000（相殺）＝1,900,000
※3　500,000（P社）＋200,000（S社）－15,000（相殺）－240,000（相殺）＝445,000
※4　600,000（P社）＋80,000（S社）－15,000（相殺）＝665,000
※5　2,100,000（P社）＋1,000,000（S社）－2,100,000（相殺）＝1,000,000
※6　3,000,000（P社）＋2,100,000（S社）－2,100,000（相殺）＝3,000,000
※7　1,000,000（P社）＋500,000（S社）－1,000,000（相殺）＝500,000
※8　500,000（P社）＋2,000,000（S社）－1,000,000（相殺）＝1,500,000
※9　400,000（P社）＋1,000,000（S社）－1,000,000（相殺及び振替）＝400,000
※10　400,000（振替）
※11　600,000（P社）＋400,000（S社）－400,000（相殺及び振替）＝600,000
※12　160,000（振替）
※13　P社及びS社計上額の合計

36-2 間接法・原則法

重要度B　/ □　/ □　/ □

次の〔資料Ⅰ〕及び〔資料Ⅱ〕に基づき、解答欄に示した連結キャッシュ・フロー計算書を作成しなさい。なお、解答する金額がマイナスとなる場合には、金額の前に△の記号を付すこと。

〔資料Ⅰ〕　P社及びS社の個別キャッシュ・フロー計算書

個別キャッシュ・フロー計算書

×4年4月1日～×5年3月31日　（単位：千円）

	P社	S社
Ⅰ 営業活動によるキャッシュ・フロー		
税引前当期純利益	1,034,000	285,400
減価償却費	48,200	38,100
貸倒引当金の増減額	△80,000	44,900
受取利息配当金	△25,000	△18,500
売上債権の増減額	△49,200	58,000
仕入債務の増減額	83,900	△63,000
棚卸資産の増減額	94,800	△11,000
小　計	1,106,700	333,900

〔資料Ⅱ〕　連結キャッシュ・フロー計算書作成に関する事項

1．P社は×3年3月31日にS社株式の70％を取得し、S社を子会社とした。支配獲得時の連結貸借対照表に計上されたのれんの金額は4,500千円であり、発生の翌年度から5年間にわたり定額法により償却している。

2．S社は当期に利益剰余金を財源とする9,000千円の配当金を株主に支払っている。

3．P社は前期よりS社へ商品の一部を掛販売している。当期におけるP社からS社への売上高は354,000千円であった。

4．S社の商品棚卸高に含まれているP社からの仕入分は次のとおりである。なお、売上総利益率は20％であり、毎期一定である。

前期末：35,000千円　　当期末：24,000千円

5．P社の売掛金残高のうちS社に対するものは次のとおりである。

前期末：50,000千円　　当期末：54,000千円

6．P社は期末売掛金残高の3％について貸倒引当金を設定している。

■解答欄

連結キャッシュ・フロー計算書
×4年4月1日～×5年3月31日　(単位：千円)

	P社
I 営業活動によるキャッシュ・フロー	
税金等調整前当期純利益	(　　　)
減価償却費	(　　　)
のれん償却額	(　　　)
貸倒引当金の増減額	(　　　)
受取利息配当金	(　　　)
売上債権の増減額	(　　　)
仕入債務の増減額	(　　　)
棚卸資産の増減額	(　　　)
小　計	(　　　)

解答・解説 間接法・原則法

連結キャッシュ・フロー計算書

×4年4月1日～×5年3月31日　（単位：千円）

	P社
Ⅰ 営業活動によるキャッシュ・フロー	
税金等調整前当期純利益	1,314,520
減価償却費	86,300
のれん償却額	900
貸倒引当金の増減額	△35,220
受取利息配当金	△37,200
売上債権の増減額	12,800
仕入債務の増減額	16,900
棚卸資産の増減額	81,600
小　計	1,440,600

1．小計より上のP/L項目（単位：千円）

小計より上のP/L項目には、連結P/L計上額が計上される。したがって、個別C/S計上額を合算し、連結修正仕訳を加減することで解答の数値が算定できる。

(1) のれんの償却

(借)		(貸)	
のれん償却額	900	の れ ん	900

※ 4,500（のれん計上額）÷5年（償却年数）＝900

(2) 棚卸資産に係る期首未実現利益の消去及び実現

(借)		(貸)	
利益剰余金－当期首残高	7,000	売上原価	7,000

※ 35,000（期首棚卸資産）×20%（利益率）＝7,000

(3) 棚卸資産に係る期末未実現利益の消去

(借)		(貸)	
売上原価	4,800	棚卸資産	4,800

※ 24,000（期末棚卸資産）×20%（利益率）＝4,800

(4) 貸倒引当金の修正

(借)		(貸)	
貸倒引当金	1,620※1	利益剰余金－当期首残高	1,500※2
		貸倒引当金繰入額	120※3

※1 貸倒引当金：54,000（当期相殺額）×3%＝1,620
※2 利益剰余金：50,000（前期相殺額）×3%＝1,500
※3 貸倒引当金繰入額：120（差額）

(5) 剰余金の配当の修正

(借)		(貸)	
受取利息配当金	6,300※1	利益剰余金－剰余金の配当	9,000
非支配株主持分－当期変動額	2,700※2		

※1 受取利息配当金：9,000（S社配当）×70%（P社比率）＝6,300
※2 非支配株主持分：9,000（S社配当）×30%（非持比率）＝2,700

⑹　解答の金額

税金等調整前当期純利益：1,034,000（Ｐ社）＋285,400（Ｓ社）－900（のれん償却額）
＋7,000（未実現利益の実現）－4,800（未実現利益の消去）
＋120（貸倒引当金繰入額）－6,300（受取配当金）＝1,314,520

減価償却費：48,200（Ｐ社）＋38,100（Ｓ社）＝86,300

のれん償却額：900

受取利息配当金：25,000（Ｐ社）＋18,500（Ｓ社）－6,300（相殺）＝37,200

※　連結Ｃ/Ｓ上は、収益項目に△の符号を付す。

２．小計より上のＢ/Ｓ項目

①　単純合算した場合の前期末Ｂ/Ｓ計上額を仮定する（本問では100,000千円と仮定している）。
②　前期末Ｂ/Ｓ計上額に単純合算した増減額を加減し、当期末Ｂ/Ｓ計上額を算定する。
③　連結修正仕訳を行い、修正後Ｂ/Ｓ計上額を算定する。
④　修正後Ｂ/Ｓ計上額の差額を求め、連結Ｃ/Ｓにおける「営業活動に係る資産・負債の増減額」を算定する。

⑴　貸倒引当金の減少額：△35,220

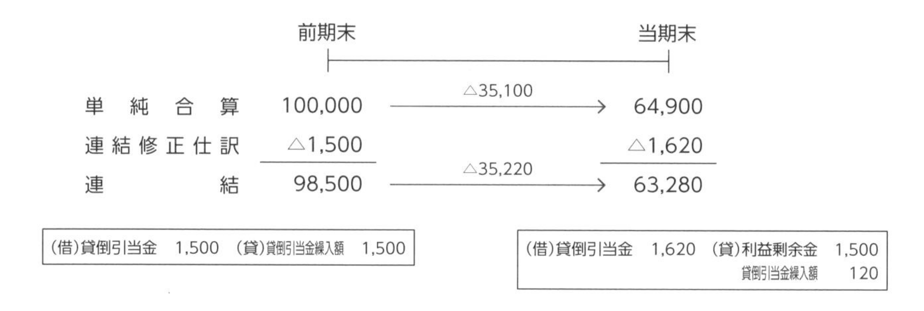

⑵　売上債権の減少額：12,800

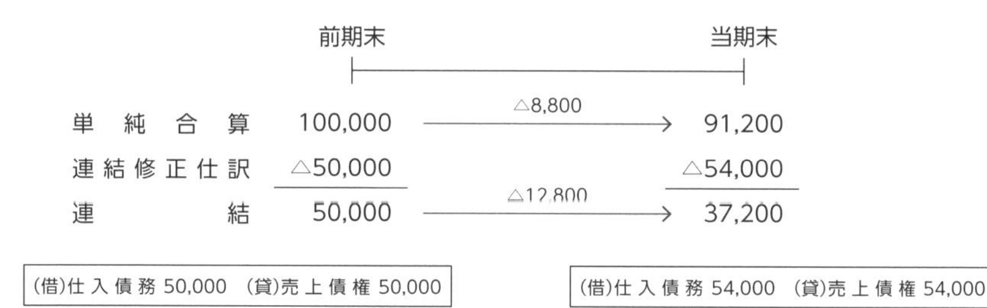

(3) 仕入債務の増加額：16,900

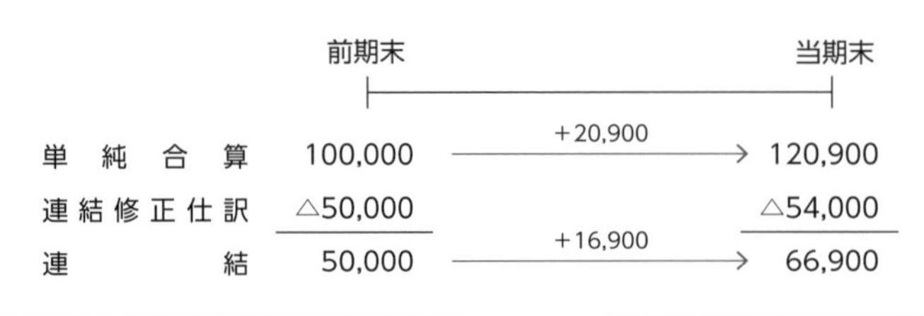

(借)仕入債務 50,000 (貸)売上債権 50,000

(借)仕入債務 54,000 (貸)売上債権 54,000

(4) 棚卸資産の減少額：81,600

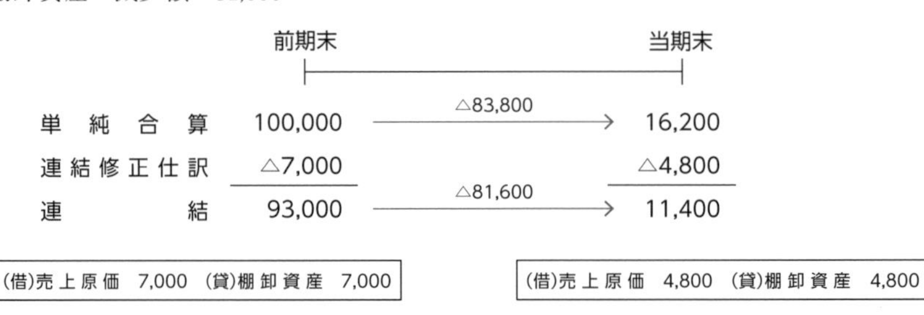

3．連結C／S計算書作成のための仕訳

(1) のれんの償却

(借) 税金等調整前当期純利益	900	(貸) のれん償却額	900

(2) 貸倒引当金の修正

(借) 貸倒引当金の増減額	120	(貸) 税金等調整前当期純利益	120

※ 1,620（期末修正額）－1,500（期首修正額）＝120

(3) 配当金の相殺

(借) 税金等調整前当期純利益	6,300	(貸) 受取利息配当金	6,300

(4) 売上債権及び仕入債務の相殺

(借) 仕入債務の増減額	4,000	(貸) 売上債権の増減額	4,000

※ 54,000（当期末相殺額）－50,000（前期末相殺額）＝4,000

(5) 棚卸資産に係る未実現利益

(借) 棚卸資産の増減額	2,200	(貸) 税金等調整前当期純利益	2,200

※ 7,000（期首未実現）－4,800（期末未実現）＝2,200

4．解答の金額

項　　　目	P社	S社	相殺/表示組替	連結C/S
営業活動によるキャッシュ・フロー				
税金等調整前当期純利益	1,034,000	285,400	のれん償却額　△900 棚卸資産　+2,200 貸倒引当金　+120 受取配当金　△6,300	1,314,520
減価償却費	48,200	38,100		86,300
のれん償却額			のれん償却額　+900	900
貸倒引当金の増減額	△80,000	44,900	貸倒引当金　△120	△35,220
受取利息配当金	△25,000	△18,500	受取配当金　+6,300	△37,200
売上債権の増減額	△49,200	58,000	相殺消去　+4,000	12,800
仕入債務の増減額	83,900	△63,000	相殺消去　△4,000	16,900
棚卸資産の増減額	94,800	△11,000	棚卸資産　△2,200	81,600
小　計	1,106,700	333,900		1,440,600

36-3 理論問題①

重要度B　／□　／□　／□

次の各文章の（　　）の中に入る適切な語句を記入しなさい。

(1) キャッシュ・フロー計算書が対象とする資金の範囲は、現金及び（　1　）とする。
(2) キャッシュ・フロー計算書には「(　2　) によるキャッシュ・フロー」、「(　3　) によるキャッシュ・フロー」及び「(　4　) によるキャッシュ・フロー」の区分を設けなければならない。
(3) 法人税等（住民税及び利益に関連する金額を課税標準とする事業税を含む。）に係るキャッシュ・フローは、「(　5　) によるキャッシュ・フロー」の区分に記載する。
(4) 利息及び配当金に係るキャッシュ・フローは、次のいずれかの方法により記載する。
　① 受取利息、受取配当金及び支払利息は「(　6　) によるキャッシュ・フロー」の区分に記載し、支払配当金は「(　7　) によるキャッシュ・フロー」の区分に記載する方法
　② 受取利息及び受取配当金は「(　8　) によるキャッシュ・フロー」の区分に記載し、支払利息及び支払配当金は「(　9　) によるキャッシュ・フロー」の区分に記載する方法

■解答欄

1		2		3	
4		5		6	
7		8		9	

解答・解説　理論問題①

1	現金同等物	2	営業活動	3	投資活動
4	財務活動	5	営業活動	6	営業活動
7	財務活動	8	投資活動	9	財務活動

※　(2)〜(4)の解答は、それぞれ順不同。

(1)　キャッシュ・フロー計算書が対象とする資金の範囲は、現金及び(1)現金同等物とする。

(2)　キャッシュ・フロー計算書には「(2)営業活動によるキャッシュ・フロー」、「(3)投資活動によるキャッシュ・フロー」及び「(4)財務活動によるキャッシュ・フロー」の区分を設けなければならない。

(3)　法人税等（住民税及び利益に関連する金額を課税標準とする事業税を含む。）に係るキャッシュ・フローは、「(5)営業活動によるキャッシュ・フロー」の区分に記載する。

(4)　利息及び配当金に係るキャッシュ・フローは、次のいずれかの方法により記載する。

①　受取利息、受取配当金及び支払利息は「(6)営業活動によるキャッシュ・フロー」の区分に記載し、支払配当金は「(7)財務活動によるキャッシュ・フロー」の区分に記載する方法

②　受取利息及び受取配当金は「(8)投資活動によるキャッシュ・フロー」の区分に記載し、支払利息及び支払配当金は「(9)財務活動によるキャッシュ・フロー」の区分に記載する方法

36-4 理論問題②

重要度B　/ □　/ □　/ □

次の文章について、正しいと思うものには○印を、正しくないと思うものには×印を解答欄に記入しなさい。

(1) 連結キャッシュ・フロー計算書は、企業集団の一会計期間におけるキャッシュ・フローの状況を報告するために作成するものである。なお、ここでのキャッシュ・フローとは、現金の増減額を意味する。
(2) 連結キャッシュ・フロー計算書の作成に当たっては、連結会社相互間のキャッシュ・フローは相殺消去しなければならない。
(3) 現金及び現金同等物に係る換算差額は、「財務活動によるキャッシュ・フロー」の区分に記載する。
(4) 「営業活動によるキャッシュ・フロー」の表示方法は、原則として主要な取引ごとに収入総額と支出総額を表示する方法（直接法）によらなければならない。
(5) 「営業活動によるキャッシュ・フロー」を間接法により表示する場合には、当期純利益（連結財務諸表の場合は、親会社株主に帰属する当期純利益）から開始する形式による。
(6) 「営業活動によるキャッシュ・フロー」の表示方法として直接法と間接法どちらの方法を採用したとしても、小計の金額や営業活動によるキャッシュ・フローの金額は同額となる。
(7) 貸付けによる支出及び貸付金の回収による収入は「投資活動によるキャッシュ・フロー」の区分に記載し、借入れによる収入及び借入金の返済による支出は「財務活動によるキャッシュ・フロー」の区分に記載される。

■解答欄

1		2		3		4		5		6	
7											

解答・解説　理論問題②

1	×	2	○	3	×	4	×	5	×	6	○
7	○										

(1) 誤り

連結キャッシュ・フロー計算書が対象としている資金の範囲は、現金及び現金同等物である。

(2) 正しい

(3) 誤り

現金及び現金同等物に係る換算差額は、他の活動と区別して記載する。

(4) 誤り

「営業活動によるキャッシュ・フロー」の表示方法は、直接法又は間接法によらなければならない。よって、直接法が原則的な方法とはなっていない。

(5) 誤り

間接法では、法人税等を控除する前の当期純利益（税金等調整前当期純利益）から開始する。

(6) 正しい

(7) 正しい

第37章

セグメント情報

問題	ページ	出題論点
37-1	164	理論問題①
37-2	166	理論問題②

37-1 理論問題①

重要度 B　／□　／□　／□

次の文章は「セグメント情報等の開示に関する会計基準」に関する記述である。次の各文章の（　　）の中に入る適切な語句を記入しなさい。

⑴　セグメント情報とは、（　1　）、利益（又は損失）、資産その他の財務情報を、事業の構成単位に分別した情報をいう。

⑵　我が国のセグメント情報の（　2　）セグメントの決定においては、（　3　）・アプローチという方法を導入している。

⑶　以下の量的基準のいずれかを満たす事業セグメントを（　2　）セグメントとして開示しなければならない。

①　（　1　）（事業セグメント間の内部（　1　）又は振替高を含む）がすべての事業セグメントの（　1　）の合計額の10%以上であること

②　利益又は損失の（　4　）が、利益の生じているすべての事業セグメントの利益の合計額、又は、損失の生じているすべての事業セグメントの損失の合計額の（　4　）のいずれか大きい額の10%以上であること

③　（　5　）が、すべての事業セグメントの（　5　）の合計額の10%以上であること

⑷　企業が開示する（　2　）セグメントの利益（又は損失）の額の算定に次の項目が含まれている場合、企業は各（　2　）セグメントのこれらの金額を開示しなければならない。

①　外部顧客への（　1　）
②　事業セグメント間の内部（　1　）又は振替高
③　（　6　）（のれんを除く無形固定資産に係る償却費を含む。）
④　のれんの償却額及び負ののれん
⑤　受取利息及び支払利息
⑥　持分法投資利益（又は損失）
⑦　特別利益及び特別損失
⑧　税金費用（法人税等及び法人税等調整額）
⑨　①から⑧に含まれていない重要な非資金損益項目

■解答欄

1		2		3	
4		5		6	

解答・解説 理論問題①

1	売上高	2	報告	3	マネジメント
4	絶対値	5	資産	6	減価償却費

⑴ セグメント情報とは、(1)売上高、利益（又は損失）、資産その他の財務情報を、事業の構成単位に分別した情報をいう。

⑵ 我が国のセグメント情報の(2)報告セグメントの決定においては、(3)マネジメント・アプローチという方法を導入している。

⑶ 以下の量的基準のいずれかを満たす事業セグメントを(2)報告セグメントとして開示しなければならない。

① (1)売上高（事業セグメント間の内部(1)売上高又は振替高を含む）がすべての事業セグメントの(1)売上高の合計額の10%以上であること

② 利益又は損失の(4)絶対値が、利益の生じているすべての事業セグメントの利益の合計額、又は、損失の生じているすべての事業セグメントの損失の合計額の(4)絶対値のいずれか大きい額の10%以上であること

③ (5)資産が、すべての事業セグメントの(5)資産の合計額の10%以上であること

⑷ 企業が開示する(2)報告セグメントの利益（又は損失）の額の算定に次の項目が含まれている場合、企業は各(2)報告セグメントのこれらの金額を開示しなければならない。

① 外部顧客への(1)売上高
② 事業セグメント間の内部(1)売上高又は振替高
③ (6)減価償却費（のれんを除く無形固定資産に係る償却費を含む。）
④ のれんの償却額及び負ののれん
⑤ 受取利息及び支払利息
⑥ 持分法投資利益（又は損失）
⑦ 特別利益及び特別損失
⑧ 税金費用（法人税等及び法人税等調整額）
⑨ ①から⑧に含まれていない重要な非資金損益項目

37-2 理論問題②

重要度B　／□　／□　／□

次の文章について、正しいと思うものには○印を、正しくないと思うものには×印を解答欄に記入しなさい。

(1) 事業セグメントとは、経営上の意思決定を行い、また、業績を評価する目的で経営者が設定する企業の構成単位をいい、一定の要件を満たすものをいう。なお、識別されたすべての事業セグメントをセグメント情報として開示するわけではない。

(2) 経済的特徴が概ね類似している場合等、一定の要件を満たす場合、複数の事業セグメントを1つの事業セグメントに集約することができる。

(3) 本社や研究開発部門等、収益を稼得していない構成単位は、それぞれ1つの事業セグメントとして認識する。

(4) セグメント情報の開示に当たり、セグメント間の取引は消去するが、セグメント内の取引は消去しない。

■解答欄

1		2		3		4	

解答・解説 理論問題②

1	○	2	○	3	×	4	×

(1) 正しい

セグメント情報として開示されるのは、事業セグメントのうち、報告するべきセグメント（報告セグメント）である。

(2) 正しい

(3) 誤り

本社や研究開発部門等、収益を稼得していない構成単位は、事業セグメントとならない。

(4) 誤り

セグメント間の取引は異なるセグメント間の取引であるため、セグメント情報の開示に当たり当該取引は消去しない。対して、セグメント内の取引は同一セグメント内の内部取引であるため、セグメント情報の開示に当たり、当該取引は消去する。

第38章

企業結合会計

問題	ページ	出題論点
38-1	170	独立企業間の結合（合併）の基本的な処理
38-2	172	独立企業間の結合（合併）・取得原価の配分
38-3	176	独立企業間の結合（合併）・段階取得
38-4	181	独立企業間の企業結合（株式交換）
38-5	186	共通支配下の取引（親会社と子会社の合併）
38-6	190	理論問題①
38-7	192	理論問題②

38-1 独立企業間の結合(合併)の基本的な処理 重要度A ＿/□ ＿/□ ＿/□

次の資料に基づき、解答欄に示した合併後貸借対照表を作成しなさい。

1．甲社は×年×月×日に乙社を吸収合併し、新株を交付した。なお、甲社が取得企業と判断された。
2．甲社及び乙社の合併直前の貸借対照表（略式）

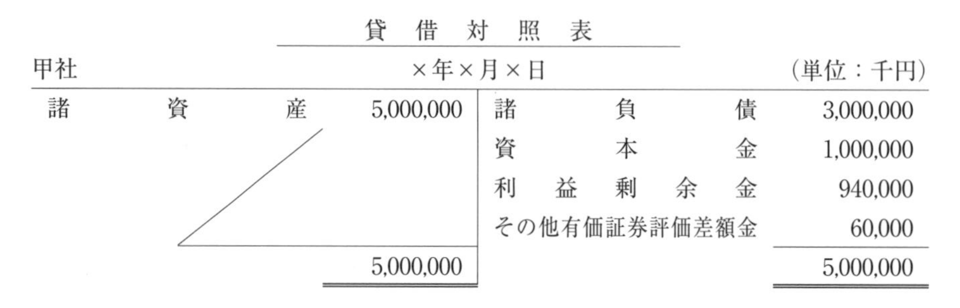

貸　借　対　照　表

甲社　　×年×月×日　　（単位：千円）

借方	金額	貸方	金額
諸資産	5,000,000	諸負債	3,000,000
		資本金	1,000,000
		利益剰余金	940,000
		その他有価証券評価差額金	60,000
	5,000,000		5,000,000

貸　借　対　照　表

乙社　　×年×月×日　　（単位：千円）

借方	金額	貸方	金額
諸資産	2,300,000	諸負債	1,100,000
		資本金	400,000
		利益剰余金	700,000
		その他有価証券評価差額金	100,000
	2,300,000		2,300,000

3．合併に関する資料は、次のとおりである。

(1) 乙社の諸資産の公正な評価額は2,400,000千円である。
(2) 合併比率は株式市価法で算定するものとする。
(3) 両社の発行済株式総数は、甲社10,000株、乙社20,000株である。
(4) 合併期日における甲社株式の時価は@250千円、乙社株式の時価は@80千円である。
(5) 合併による増加資本の資本金への計上額は1株当たり@125千円とし、残額は資本剰余金に計上する。
(6) 税効果会計は便宜上無視すること。

■解答欄

貸　借　対　照　表

甲社　　×年×月×日　　（単位：千円）

借方	金額	貸方	金額
諸資産	（　　）	諸負債	（　　）
のれん	（　　）	資本金	（　　）
		資本剰余金	（　　）
		利益剰余金	（　　）
		その他有価証券評価差額金	（　　）
	（　　）		（　　）

解答・解説 独立企業間の結合（合併）の基本的な処理

貸 借 対 照 表

甲社 ×年×月×日 （単位：千円）

借方	金額	貸方	金額
諸資産	7,400,000	諸負債	4,100,000
のれん	300,000	資本金	1,800,000
		資本剰余金	800,000
		利益剰余金	940,000
		その他有価証券評価差額金	60,000
	7,700,000		7,700,000

1．交付株式数（単位：千円）

⑴　合併比率：@80（乙社株式の時価）÷@250（甲社株式の時価）＝0.32

⑵　交付株式数：20,000株（乙社発行済株式総数）×0.32（合併比率）＝6,400株

2．合併仕訳

借方	金額	貸方	金額
（借）諸資産	2,400,000	（貸）諸負債	1,100,000
のれん	300,000※1	資本金	800,000※3
		資本剰余金	800,000※4

※1　のれん：1,600,000（取得原価※2）－{2,400,000（識別可能資産）－1,100,000（識別可能負債）}＝300,000

※2　取得原価：6,400株（交付株式数）×@250（甲社株価）＝1,600,000

※3　資本金：6,400株（交付株式数）×@125＝800,000

※4　資本剰余金：1,600,000（取得原価※2）－800,000（資本金）＝800,000

3．解答の金額

貸 借 対 照 表

甲社 ×年×月×日 （単位：千円）

借方	金額	貸方	金額
諸資産	7,400,000※1	諸負債	4,100,000※1
のれん	300,000※2	資本金	1,800,000※1
		資本剰余金	800,000※2
		利益剰余金	940,000※3
		その他有価証券評価差額金	60,000※3
	7,700,000		7,700,000

※1　甲社計上額＋合併仕訳計上額

※2　合併仕訳計上額

※3　甲社計上額

38-2 独立企業間の結合(合併)・取得原価の配分 重要度A ／□ ／□ ／□

次の資料に基づき、解答欄に示した合併後貸借対照表を作成しなさい。

1．甲社は×年×月×日に乙社を吸収合併し、甲社株式を交付した。なお、甲社が取得企業と判断された。
2．甲社及び乙社の合併直前の貸借対照表　　　　　　　　　　　　　　　　　　（単位：千円）

	甲社	乙社		甲社	乙社
現金預金	84,700	42,600	買掛金	217,000	103,000
売掛金	260,000	124,000	未払金	46,000	24,000
貸倒引当金	△7,800	△3,720	借入金	416,300	216,300
商品	78,500	39,600	資本金	700,000	300,000
未収金	210,000	9,000	資本剰余金	150,000	50,000
建物	750,000	350,000	利益剰余金	683,500	201,280
建物減価償却累計額	△202,500	△94,500	自己株式	△204,000	−
備品	240,000	120,000	その他有価証券評価差額金	4,200	1,800
備品減価償却累計額	△64,800	△32,400			
土地	523,000	264,000			
商標権	26,200	11,200			
投資有価証券	100,400	59,400			
開発費	15,300	7,200			
	2,013,000	896,380		2,013,000	896,380

3．合併に関する資料は、次のとおりである。

(1) 乙社の資産の公正な評価額は、次のとおりである。以下の項目以外は簿価と時価に乖離はないものとする。

売掛金　111,600千円　　商品　40,500千円　　建物　245,000千円　　備品　90,000千円

土地　　250,000千円

(2) 合併比率は甲社：乙社＝１：0.8である。なお、乙社の発行済株式総数は600,000株である。

(3) 甲社は合併に際して、保有する自己株式96,000株（１株当たりの簿価@1,020円）を代用した。

(4) 甲社は合併に際して、新株１株について@500円を資本金に計上するものとする。

(5) 合併期日における甲社株式の時価は@1,200円である。

(6) 払込資本増加額の内、資本金に計上しなかった金額は、資本剰余金として計上する。

(7) 税効果会計は便宜上無視すること。

■解答欄

貸借対照表

甲社	×年×月×日		(単位：千円)
現金預金	(　　)	買掛金	(　　)
売掛金	(　　)	未払金	(　　)
貸倒引当金	(　　)	借入金	(　　)
商品	(　　)	資本金	(　　)
未収金	(　　)	資本剰余金	(　　)
建物	(　　)	利益剰余金	(　　)
建物減価償却累計額	(　　)	自己株式	(　　)
備品	(　　)	その他有価証券評価差額金	(　　)
備品減価償却累計額	(　　)		
土地	(　　)		
商標権	(　　)		
のれん	(　　)		
投資有価証券	(　　)		
開発費	(　　)		
	(　　)		(　　)

解答・解説　独立企業間の結合（合併）・取得原価の配分

貸借対照表

甲社　×年×月×日　（単位：千円）

借方	金額	貸方	金額
現金預金	127,300	買掛金	320,000
売掛金	384,000	未払金	70,000
貸倒引当金	△20,200	借入金	632,600
商品	119,000	資本金	892,000
未収金	219,000	資本剰余金	436,080
建物	995,000	利益剰余金	683,500
建物減価償却累計額	△202,500	自己株式	△106,080
備品	330,000	その他有価証券評価差額金	4,200
備品減価償却累計額	△64,800		
土地	773,000		
商標権	37,400		
のれん	60,000		
投資有価証券	159,800		
開発費	15,300		
	2,932,300		2,932,300

1．交付株式数（単位：千円）

600,000株（乙社発行済株式総数）×0.8（合併比率）＝480,000株

2．合併仕訳

（借）	金額	（貸）	金額
現金預金	42,600	買掛金	103,000
売掛金	124,000	未払金	24,000
商品	40,500	借入金	216,300
未収金	9,000	貸倒引当金	12,400
建物	245,000	自己株式	97,920
備品	90,000	資本金	192,000※3
土地	250,000	資本剰余金	286,080※4
商標権	11,200		
投資有価証券	59,400		
のれん	60,000※1		

※1　のれん：576,000（取得原価※2）－{859,300（識別可能資産）－343,300（識別可能負債）}＝60,000

※2　取得原価：480,000株（交付株式数）×@1,200円（甲社株価）＝576,000

※3　資本金：{480,000株（交付株式数）－96,000株（代用自己株式数）}×@500円＝192,000

※4　資本剰余金：576,000（取得原価※2）－97,920（自己株式）－192,000（資本金※3）＝286,080

3．合併後貸借対照表

貸借対照表

甲社	×年×月×日		(単位：千円)
現金預金	127,300※1	買掛金	320,000※1
売掛金	384,000※1	未払金	70,000※1
貸倒引当金	△20,200※1	借入金	632,600※1
商品	119,000※1	資本金	892,000※1
未収金	219,000※1	資本剰余金	436,080※1
建物	995,000※1	利益剰余金	683,500※3
建物減価償却累計額	△202,500※3	自己株式	△106,080※1
備品	330,000※1	その他有価証券評価差額金	4,200※3
備品減価償却累計額	△64,800※3		
土地	773,000※1		
商標権	37,400※1		
のれん	60,000※2		
投資有価証券	159,800※1		
開発費	15,300※3		
	2,932,300		2,932,300

※1　甲社計上額＋合併仕訳計上額
※2　合併仕訳計上額
※3　甲社計上額

38-3 独立企業間の結合（合併）・段階取得 重要度C ／□ ／□ ／□

次の資料に基づき、解答欄に示した合併後貸借対照表及び合併後連結貸借対照表を作成しなさい。

1．甲社は×年×月×日に乙社を吸収合併し、新株を交付した。
2．甲社及び乙社の合併直前の貸借対照表

貸　借　対　照　表

×年×月×日　（単位：円）

勘定科目	甲　社	乙　社	勘定科目	甲　社	乙　社
諸資産	3,000,000	1,200,000	諸負債	1,490,000	200,000
乙社株式	144,000	—	資本金	410,000	400,000
			資本剰余金	300,000	—
			利益剰余金	928,000	600,000
			その他有価証券評価差額金	16,000	—
	3,144,000	1,200,000		3,144,000	1,200,000

3．その他の参考事項
(1) 甲社の発行済株式総数は300株、乙社の発行済株式総数は200株である。
(2) 合併比率は、甲社：乙社＝1：0.6とし、甲社が取得企業と判定された。
(3) 合併時における甲社株式の時価は@12,000円である。
(4) 甲社が保有している乙社株式は20株を128,000円で取得したものであり、甲社に計上されているその他有価証券評価差額金はすべて、当該乙社株式から生じたものである。
(5) 合併時における乙社の諸資産の時価は1,500,000円であった。
(6) 吸収合併による増加資本は全額資本剰余金として計上する。
(7) 税効果会計は便宜上無視すること。
(8) 連結貸借対照表を作成するに当たっては、他の連結会社による影響は考慮しないこととする。

■解答欄

貸借対照表

甲社	×年×月×日		(単位：円)
諸資産	(　　　)	諸負債	(　　　)
のれん	(　　　)	資本金	(　　　)
		資本剰余金	(　　　)
		利益剰余金	(　　　)
	(　　　)		(　　　)

連結貸借対照表

甲社	×年×月×日		(単位：円)
諸資産	(　　　)	諸負債	(　　　)
のれん	(　　　)	資本金	(　　　)
		資本剰余金	(　　　)
		利益剰余金	(　　　)
	(　　　)		(　　　)

解答・解説 独立企業間の結合（合併）・段階取得

貸借対照表

甲社　×年×月×日　（単位：円）

借方	金額	貸方	金額
諸資産	4,500,000	諸負債	1,690,000
のれん	124,000	資本金	410,000
		資本剰余金	1,596,000
		利益剰余金	928,000
	4,624,000		4,624,000

連結貸借対照表

甲社　×年×月×日　（単位：円）

借方	金額	貸方	金額
諸資産	4,500,000	諸負債	1,690,000
のれん	140,000	資本金	410,000
		資本剰余金	1,596,000
		利益剰余金	944,000
	4,640,000		4,640,000

1．交付株式数

{200株（乙社発行済株式総数）－20株（抱合せ株式）} ×0.6（合併比率）＝108株

2．抱合せ株式に係るその他有価証券評価差額金の取消

(借)	その他有価証券評価差額金	16,000	(貸)	乙社株式	16,000

3．合併仕訳

(借)			(貸)		
	諸資産	1,500,000		諸負債	200,000
	のれん	124,000※1		乙社株式	128,000
				資本剰余金	1,296,000※3

※1　のれん：1,424,000（個別上の取得原価※2）－{1,500,000（識別可能資産）－200,000（識別可能負債）}＝124,000

※2　個別上の取得原価：108株（交付株式数）×@12,000（甲社株価）＋128,000（抱合せ株式の取得原価）＝1,424,000

※3　資本剰余金：108株（交付株式数）×@12,000（甲社株価）＝1,296,000

4．合併後個別貸借対照表

貸借対照表

甲社　×年×月×日

諸資産	4,500,000※1	諸負債	1,690,000※1
のれん	124,000※2	資本金	410,000※3
		資本剰余金	1,596,000※1
		利益剰余金	928,000※3
	4,624,000		4,624,000

※1　甲社計上額＋合併仕訳計上額

※2　合併仕訳計上額

※3　甲社計上額

5．連結修正仕訳

(借)	のれん	16,000	(貸)	段階取得に係る差益（利益剰余金）	16,000※1

※1　段階差益：144,000（抱合せ株式の時価※2）－128,000（抱合せ株式の取得原価）＝16,000

※2　抱合せ株式の時価：20株（乙社株数）×0.6（合併比率）×@12,000（甲社株価）＝144,000

参考 連結上あるべき仕訳を直接行う場合

1．抱合せ株式に係るその他有価証券評価差額金の取消

(借)		(貸)	
その他有価証券評価差額金	16,000	乙社株式	16,000

2．段階取得に係る差益の計上

(借)		(貸)	
乙社株式	16,000	段階取得に係る差益（利益剰余金）	16,000

3．合併仕訳

(借)		(貸)	
諸資産	1,500,000	諸負債	200,000
のれん	140,000※2	乙社株式	144,000※1
		資本剰余金	1,296,000

※1　乙社株式：抱合せ株式の時価

※2　のれん：1,440,000（連結上の取得原価※3）－{1,500,000（識別可能資産）－200,000（識別可能負債）}＝140,000

※3　連結上の取得原価：108株（交付株式数）×@12,000（甲社株価）＋144,000（抱合せ株式の時価）＝1,440,000

6．合併後連結貸借対照表

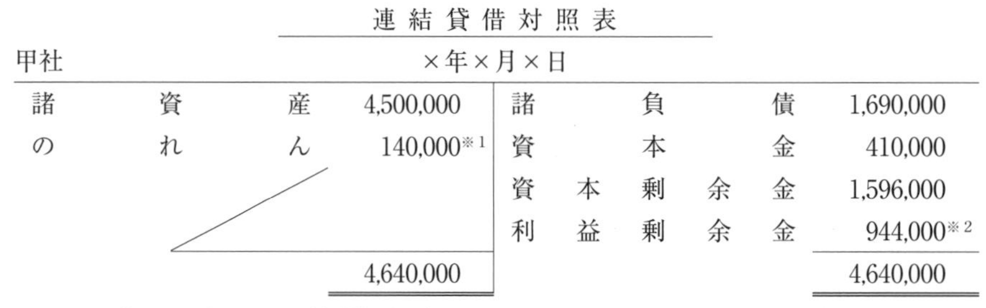

連結貸借対照表

甲社　×年×月×日

諸資産	4,500,000	諸負債	1,690,000
のれん	140,000※1	資本金	410,000
		資本剰余金	1,596,000
		利益剰余金	944,000※2
	4,640,000		4,640,000

※1　124,000（個別Ｂ/Ｓ）＋16,000（連結修正仕訳）＝140,000

又は

1,440,000（連結上の取得原価）－{1,500,000（識別可能資産）－200,000（識別可能負債）}＝140,000

※2　928,000（甲社）＋16,000（段階差益）＝944,000

38-4 独立企業間の企業結合（株式交換） 重要度A ／□ ／□ ／□

次の資料に基づき、解答欄に示した株式交換後貸借対照表及び株式交換後連結貸借対照表を作成しなさい。

1．甲社は乙社を完全子会社にするため、株式交換を実施し、新株を交付した。なお、甲社が取得企業と判断された。

2．甲社及び乙社の株式交換直前の貸借対照表

貸 借 対 照 表

×年×月×日　　（単位：円）

勘定科目	甲社	乙社	勘定科目	甲社	乙社
諸資産	395,000	310,000	諸負債	100,000	95,000
			資本金	150,000	170,000
			資本剰余金	80,000	10,000
			利益剰余金	54,000	27,000
			その他有価証券評価差額金	11,000	8,000
	395,000	310,000		395,000	310,000

3．その他の参考事項

(1) 乙社の発行済株式総数は400株である。

(2) 交換比率は、甲社：乙社＝１：0.75である

(3) 資本金への計上額は１株@250円とする。なお、増加する払込資本のうち、資本金に計上しない部分は、資本剰余金として計上するものとする。

(4) 株式交換時の甲社株式の時価は@780円である。

(5) 株式交換時における乙社の諸資産の時価は326,000円である。

(6) 税効果会計は便宜上無視すること。

■解答欄

貸借対照表

甲社	×年×月×日		(単位：円)
諸資産	(　　)	諸負債	(　　)
子会社株式	(　　)	資本金	(　　)
		資本剰余金	(　　)
		利益剰余金	(　　)
		その他有価証券評価差額金	(　　)
	(　　)		(　　)

連結貸借対照表

甲社	×年×月×日		(単位：円)
諸資産	(　　)	諸負債	(　　)
のれん	(　　)	資本金	(　　)
		資本剰余金	(　　)
		利益剰余金	(　　)
		その他有価証券評価差額金	(　　)
	(　　)		(　　)

解答・解説 独立企業間の企業結合（株式交換）

貸借対照表

甲社　×年×月×日　（単位：円）

諸資産	395,000	諸負債	100,000
子会社株式	234,000	資本金	225,000
		資本剰余金	239,000
		利益剰余金	54,000
		その他有価証券評価差額金	11,000
	629,000		629,000

連結貸借対照表

甲社　×年×月×日　（単位：円）

諸資産	721,000	諸負債	195,000
のれん	3,000	資本金	225,000
		資本剰余金	239,000
		利益剰余金	54,000
		その他有価証券評価差額金	11,000
	724,000		724,000

1．個別上の処理

(1) 交付株式数

400株（乙社発行済株式総数）×0.75（交換比率）＝300株

(2) 株式交換

(借) 子会社株式	234,000※1	(貸) 資本金	75,000※2
		資本剰余金	159,000※3

※1 子会社株式（取得原価）：300株（交付株式数）×@780円（甲株式時価）＝234,000

※2 資本金：300株（交付株式数）×@250円＝75,000

※3 資本剰余金：234,000（取得原価※1）－75,000（資本金※2）＝159,000

(3) 株式交換直後の甲社個別貸借対照表

貸借対照表

甲社　×年×月×日

借方	金額	貸方	金額
諸資産	395,000※1	諸負債	100,000※1
子会社株式	234,000※2	資本金	225,000※3
		資本剰余金	239,000※3
		利益剰余金	54,000※1
		その他有価証券評価差額金	11,000※1
	629,000		629,000

※1 甲社計上額

※2 株式交換仕訳計上額

※3 甲社計上額＋株式交換仕訳計上額

2．連結上の処理

(1) タイム・テーブル

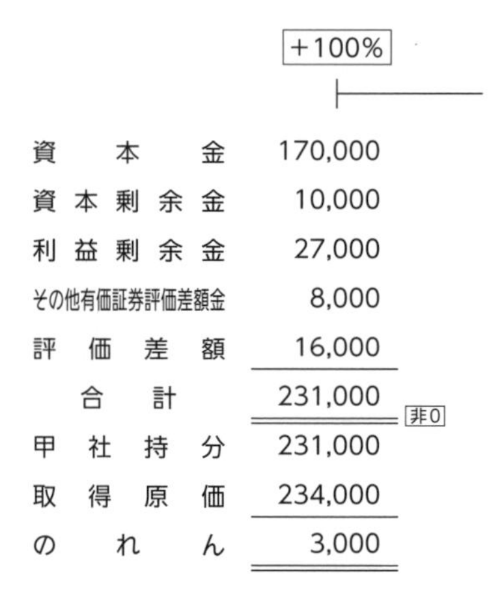

	＋100%
資本金	170,000
資本剰余金	10,000
利益剰余金	27,000
その他有価証券評価差額金	8,000
評価差額	16,000
合計	231,000 非0
甲社持分	231,000
取得原価	234,000
のれん	3,000

(2) 評価差額の計上

(借) 諸資産	16,000	(貸) 評価差額	16,000

※ 326,000（乙社諸資産時価）－310,000（乙社諸資産帳簿価額）＝16,000

(3) 投資と資本の相殺消去

(借)			(貸)	
	資本金	170,000	子会社株式	234,000
	資本剰余金	10,000		
	利益剰余金	27,000		
	その他有価証券評価差額金	8,000		
	評価差額	16,000		
	のれん	3,000※		

※ のれん：234,000（子会社株式）－231,000（資本合計）×100%（P社比率）＝3,000

(4) 株式交換直後の甲社連結貸借対照表

連結貸借対照表

甲社　×年×月×日

諸資産	721,000※1	諸負債	195,000
のれん	3,000	資本金	225,000※2
		資本剰余金	239,000※2
		利益剰余金	54,000※2
		その他有価証券評価差額金	11,000※2
	724,000		724,000

※1 395,000（甲社）＋310,000（乙社）＋16,000（評価差額）＝721,000
※2 甲社計上額

38-5 共通支配下の取引（親会社と子会社の合併） 重要度B ／□ ／□ ／□

次の資料に基づき、解答欄に示した合併後のＰ社の個別貸借対照表を答えなさい。

1．Ｐ社は×２年４月１日を合併期日として、Ｐ社を吸収合併存続会社、Ｓ社を吸収合併消滅会社とする吸収合併を実施した。

2．合併期日前日（×２年３月31日）のＰ社及びＳ社の貸借対照表

貸借対照表

×2年３月31日現在　（単位：千円）

	Ｐ社	Ｓ社		Ｐ社	Ｓ社
現金預金	500	200	短期借入金	2,400	1,500
棚卸資産	2,000	1,100	資本金	9,000	3,000
短期貸付金	3,500	900	資本剰余金	4,000	2,000
土地	7,000	5,300	利益剰余金	2,500	1,000
子会社株式	4,900	－			
	17,900	7,500		17,900	7,500

3．参考資料

(1)　Ｐ社は×１年３月31日にＳ社株式の80％を4,900千円で取得し、子会社とした。×１年３月31日におけるＳ社の個別貸借対照表（純資産の部）は以下のとおりである。

資本金：3,000千円　資本剰余金：2,000千円　利益剰余金：700千円

(2)　×１年３月31日のＳ社の土地の時価は5,600千円（帳簿価額：5,300千円）であった。なお、当該土地以外の資産については時価と簿価に乖離はなかった。

(3)　Ｓ社の発行済株式総数は50株であり、合併比率はＰ社：Ｓ社＝１：１であった。

(4)　Ｐ社は合併にあたり、Ｓ社の非支配株主に10株（合併期日の時価@130千円）を交付する。なお、Ｐ社は増加資本の全てを資本剰余金として処理する。

(5)　のれんは発生年度の翌期から５年間にわたり定額法により償却する。

(6)　税効果会計は便宜上無視すること。

(7)　剰余金の配当は行われていない。

■解答欄

貸借対照表

Ｐ社　×2年４月１日現在　（単位：千円）

現金預金	（　）	短期借入金	（　）
棚卸資産	（　）	資本金	（　）
短期貸付金	（　）	資本剰余金	（　）
土地	（　）	利益剰余金	（　）
のれん	（　）		
	（　）		（　）

解答・解説 共通支配下の取引（親会社と子会社の合併）

貸 借 対 照 表

P社	×2年4月1日現在		(単位：千円)
現金預金	700	短期借入金	3,900
棚卸資産	3,100	資本金	9,000
短期貸付金	4,400	資本剰余金	5,260
土地	12,600	利益剰余金	2,720
のれん	80		
	20,880		20,880

1．タイム・テーブル（単位：千円）

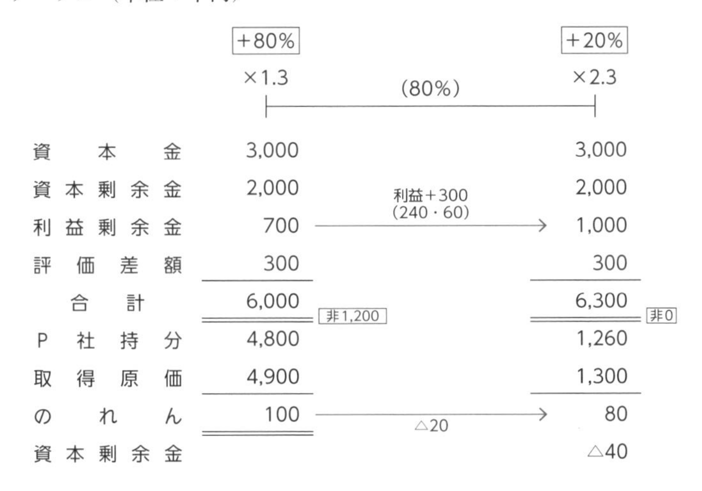

2．合併以前の連結上の処理

(1) 評価差額の計上

(借) 土地	300	(貸) 評価差額	300

※ 5,600（X1.3時価）－5,300（簿価）＝300

(2) 連結修正仕訳

① 投資と資本の相殺消去

(借) 資本金－当期首残高	3,000	(貸) 子会社株式	4,900
資本剰余金－当期首残高	2,000	非支配株主持分－当期首残高	1,200※2
利益剰余金－当期首残高	700		
評価差額	300		
のれん	100※1		

※1 のれん：4,900（子会社株式）－6,000（X1.3資本合計）×80％（P社比率）＝100

※2 非支配株主持分：6,000（X1.3資本合計）×20％（非持比率）＝1,200

② 利益の按分

(借) 非支配株主に帰属する当期純損益	60	(貸) 非支配株主持分－当期変動額	60

※ 300（S社利益）×20％（非持比率）＝60

③ のれんの償却

(借)	のれん償却額	20	(貸)	のれん	20

※ 100（のれん計上額）÷５年（償却年数）＝20

3．個別財務諸表上の合併仕訳

(1) 親会社持分相当額（80%）

(借)			(貸)		
	現金預金	160※1		短期借入金	1,200※1
	棚卸資産	880※1		子会社株式	4,900
	短期貸付金	720※1		抱合せ株式消滅差益（利益剰余金）	220※2
	土地	4,480※1			
	のれん	80※1			

※１ 子会社から受け入れる資産及び負債（のれんも含む）は連結上の帳簿価額に基づいて計上する。

現金預金：200×80%（Ｐ社比率）＝160

棚卸資産：1,100×80%（Ｐ社比率）＝880

短期貸付金：900×80%（Ｐ社比率）＝720

土地：{5,300＋300（評価差額）}×80%（Ｐ社比率）＝4,480

のれん：80（未償却残高）

短期借入金：1,500×80%（Ｐ社比率）＝1,200

※２ 抱合せ株式消滅差益：240（取得後剰余金）－20（のれん償却額）＝220

(2) 非支配株主持分相当額（20%）

(借)			(貸)		
	現金預金	40※1		短期借入金	300※1
	棚卸資産	220※1		資本剰余金	1,300※2
	短期貸付金	180※1			
	土地	1,120※1			
	資本剰余金	40※3			

※１ 子会社から受け入れる資産及び負債は連結上の帳簿価額に基づいて計上する。

現金預金：200×20%（非持比率）＝40

棚卸資産：1,100×20%（非持比率）＝220

短期貸付金：900×20%（非持比率）＝180

土地：{5,300＋300（評価差額）}×20%（非持比率）＝1,120

短期借入金：1,500×20%（非持比率）＝300

※２ 資本剰余金（取得原価）：10株（交付株式数）×@130（Ｐ社株価）＝1,300

※３ 資本剰余金：1,300（取得原価※2）－6,300（X2.3資本合計）×20%（追加取得比率）＝△40

(3) 上記(1)と(2)の合算

(借)			(貸)		
	現金預金	200		短期借入金	1,500
	棚卸資産	1,100		子会社株式	4,900
	短期貸付金	900		抱合せ株式消滅差益（利益剰余金）	220
	土地	5,600		資本剰余金	1,260
	のれん	80			

4．合併後個別貸借対照表

貸　借　対　照　表

P社	×2年4月1日現在		(単位：千円)
現金預金	700※1	短期借入金	3,900※1
棚卸資産	3,100※1	資本金	9,000※2
短期貸付金	4,400※1	資本剰余金	5,260※4
土地	12,600※3	利益剰余金	2,720※5
のれん	80		
	20,880		20,880

※1　P社計上額＋S社計上額

※2　P社計上額

※3　7,000（P社）＋5,300（S社）＋300（評価差額）＝12,600

※4　4,000（P社）＋1,260（増加資本）＝5,260

※5　2,500（P社）＋220（抱合せ株式消滅差益）＝2,720

38-6 理論問題①

重要度B　／□　／□　／□

次の文章は「企業結合に関する会計基準」に関する記述である。次の各文章の（　　）の中に入る適切な語句を記入しなさい。

(1) 被取得企業又は取得した事業の取得原価は、原則として、取得の対価（支払対価）となる財の企業結合日における（　1　）で算定する。
(2) 取得原価が、受け入れた資産及び引き受けた負債に配分された純額を上回る場合には、その超過額は（　2　）として会計処理する。
(3) 消滅会社が取得企業となる場合、存続会社の個別財務諸表では、当該取得企業（消滅会社）の資産及び負債を合併直前の適正な（　3　）により計上する。
(4) 企業結合は取引の経済的実態にあわせて、「(　4　)」と「(　5　)」とに分類することができる。「(　4　)」とは、ある企業が他の企業（被取得企業）又は企業を構成する事業に対する（　6　）を獲得して一つの報告単位となることをいう。「(　5　)」とは、いずれの企業（又は事業）の株主（又は持分保有者）も他の企業（又は事業）を（　6　）したとは認められず、結合後企業のリスクや便益を引き続き相互に共有することを達成するため、それぞれの事業のすべて又は事実上のすべてを統合して一つの報告単位となることをいう。

■解答欄

1		2		3	
4		5		6	

解答・解説 理論問題①

1	時価	2	のれん	3	帳簿価額
4	取得	5	持分の結合	6	支配

⑴ 被取得企業又は取得した事業の取得原価は、原則として、取得の対価（支払対価）となる財の企業結合日における⑴時価で算定する。

⑵ 取得原価が、受け入れた資産及び引き受けた負債に配分された純額を上回る場合には、その超過額は⑵のれんとして会計処理する。

⑶ 消滅会社が取得企業となる場合、存続会社の個別財務諸表では、当該取得企業（消滅会社）の資産及び負債を合併直前の適正な⑶帳簿価額により計上する。

⑷ 企業結合は取引の経済的実態にあわせて、「⑷取得」と「⑸持分の結合」とに分類することができる。「⑷取得」とは、ある企業が他の企業（被取得企業）又は企業を構成する事業に対する⑹支配を獲得して一つの報告単位となることをいう。「⑸持分の結合」とは、いずれの企業（又は事業）の株主（又は持分保有者）も他の企業（又は事業）を⑹支配したとは認められず、結合後企業のリスクや便益を引き続き相互に共有することを達成するため、それぞれの事業のすべて又は事実上のすべてを統合して一つの報告単位となることをいう。

38-7 理論問題② 重要度B ／□ ／□ ／□

次の文章について、正しいと思うものには○印を、正しくないと思うものには×印を解答欄に記入しなさい。

(1) 共同支配企業の形成及び共通支配下の取引以外の企業結合はすべて取得に該当するため、パーチェス法により会計処理される。
(2) 取得と判定された場合の被取得企業又は取得した事業の取得原価は、原則として、取得の対価となる企業結合日における時価で算定する。
(3) 取得と判定された企業結合において、取得原価は、被取得企業から受け入れた資産及び引き受けた負債のうち企業結合日時点において識別可能なものの帳簿価額を基礎として配分する。
(4) 被取得企業から受け入れる識別可能資産及び負債の範囲は、被取得企業の企業結合日前の貸借対照表に計上されているものに限定される。
(5) 消滅会社が取得企業となる場合、存続会社の個別財務諸表では、当該取得企業の資産及び負債を合併直前の公正な時価により計上する。
(6) 資産計上されたのれんは時の経過により減価しないため、非償却であるが、期末に減損している場合、減損損失を認識しのれんの金額を減額する。
(7) 正ののれんは資産計上するが、負ののれんは負債として計上せず、収益（特別利益）として処理する。
(8) 共通支配下の取引により企業集団内を移転する資産及び負債は、原則として、移転直前の時価により計上される。

■解答欄

1		2		3		4		5		6	
7		8									

解答・解説 理論問題②

1	○	2	○	3	×	4	×	5	×	6	×
7	○	8	×								

(1) 正しい

(2) 正しい

(3) 誤り

取得原価は、被取得企業から受け入れた資産及び引き受けた負債のうち企業結合日時点において識別可能なものの企業結合日時点の時価を基礎として配分する。

(4) 誤り

識別可能資産及び負債の範囲は、被取得企業の企業結合日前の貸借対照表に計上されていたかどうかに関わらない。

(5) 誤り

消滅会社が取得企業となる場合（逆取得の場合)、存続会社の個別財務諸表では、当該取得企業（消滅会社）の資産及び負債を合併直前の適正な帳簿価額により計上する。

(6) 誤り

のれんは、時の経過により減価するものと捉え、毎期償却を行う。

(7) 正しい

(8) 誤り

共通支配下の取引により企業集団内を移転する資産及び負債は、原則として、移転直前に付されていた適正な帳簿価額により計上する。

第39章

事業分離会計

39-1 個別上の処理・対価現金

重要度A　／□　／□　／□

次の資料に基づき、各仕訳を示しなさい。なお、税効果会計は考慮しない。

1．A社は×1年4月1日付けで甲事業を切り離し、B社を承継会社とする会社分割を行い、対価として現金預金60,000千円を受け取るものとする。
2．甲事業の適正な帳簿価額は諸資産135,000千円、諸負債90,000千円であり、甲事業の諸資産の時価は140,000千円である。

■解答欄

問1　B社がA社の子会社である場合、会社分割時におけるA社及びB社の仕訳

〔A社〕　　　　(単位：千円)

借方科目	金額	貸方科目	金額

〔B社〕　　　　(単位：千円)

借方科目	金額	貸方科目	金額

問2　B社がA社の関連会社である場合、会社分割時におけるA社及びB社の仕訳

〔A社〕　　　　(単位：千円)

借方科目	金額	貸方科目	金額

〔B社〕　　　　(単位：千円)

借方科目	金額	貸方科目	金額

問3　B社がA社の子会社又は関連会社以外である場合、会社分割時におけるA社及びB社の仕訳

〔A社〕　　　　(単位：千円)

借方科目	金額	貸方科目	金額

〔B社〕　　　　(単位：千円)

借方科目	金額	貸方科目	金額

解答・解説 個別上の処理・対価現金

問1 B社がA社の子会社である場合、会社分割時におけるA社及びB社の仕訳

〔A社〕 (単位：千円)

借方科目	金額	貸方科目	金額
諸負債	90,000	諸資産	135,000
現金預金	60,000	移転損益	15,000

〔B社〕 (単位：千円)

借方科目	金額	貸方科目	金額
諸資産	135,000	諸負債	90,000
のれん	15,000	現金預金	60,000

問2 B社がA社の関連会社である場合、会社分割時におけるA社及びB社の仕訳

〔A社〕 (単位：千円)

借方科目	金額	貸方科目	金額
諸負債	90,000	諸資産	135,000
現金預金	60,000	移転損益	15,000

〔B社〕 (単位：千円)

借方科目	金額	貸方科目	金額
諸資産	140,000	諸負債	90,000
のれん	10,000	現金預金	60,000

問3 B社がA社の子会社又は関連会社以外である場合、会社分割時におけるA社及びB社の仕訳

〔A社〕 (単位：千円)

借方科目	金額	貸方科目	金額
諸負債	90,000	諸資産	135,000
現金預金	60,000	移転損益	15,000

〔B社〕 (単位：千円)

借方科目	金額	貸方科目	金額
諸資産	140,000	諸負債	90,000
のれん	10,000	現金預金	60,000

問1

A社：共通支配下の取引に該当するため、現金等の財産を帳簿価額で計上し、差額を移転損益とする。
B社：共通支配下の取引となるため、移転する諸資産及び諸負債は帳簿価額で計上し、差額はのれんとする。

問2

A社：投資の清算に該当するため、現金等の財産を時価で計上し、差額を移転損益とする。
B社：取得と判定されるため、パーチェス法によって処理する。

問3

A社：投資の清算に該当するため、現金等の財産を時価で計上し、差額を移転損益とする。
B社：取得と判定されるため、パーチェス法によって処理する。

39-2 個別上の処理・対価株式

重要度A　/ □　/ □　/ □

次の資料に基づき、各仕訳を示しなさい。なお、税効果会計は考慮しない。

1．A社は×1年4月1日付けで甲事業を切り離し、B社を承継会社とする会社分割を行い、対価としてB社株式400株を受け取るものとする。事業分離直前において、A社はB社株式を保有していない。

2．甲事業の適正な帳簿価額は諸資産134,000千円、諸負債89,000千円であり、甲事業の諸資産の時価は140,000千円である。

3．事業分離の対価として交付されるB社株式の時価は@140千円である。

4．B社は増加資本の1／2を資本金とし、残額は資本剰余金として計上する

解答欄

問1　B社がA社の子会社となる場合、会社分割時におけるA社及びB社の仕訳を示しなさい。

〔A社〕　(単位：千円)

借方科目	金額	貸方科目	金額

〔B社〕　(単位：千円)

借方科目	金額	貸方科目	金額

問2　B社がA社の関連会社となる場合、会社分割時におけるA社及びB社の仕訳

〔A社〕　(単位：千円)

借方科目	金額	貸方科目	金額

〔B社〕　(単位：千円)

借方科目	金額	貸方科目	金額

問3　B社がA社の子会社又は関連会社以外となる場合、会社分割時におけるA社及びB社の仕訳

〔A社〕　(単位：千円)

借方科目	金額	貸方科目	金額

〔B社〕　(単位：千円)

借方科目	金額	貸方科目	金額

解答・解説　個別上の処理・対価株式

問1　B社がA社の子会社となる場合、会社分割時におけるA社及びB社の仕訳を示しなさい。

〔A社〕　(単位：千円)

借方科目	金額	貸方科目	金額
諸負債	89,000	諸資産	134,000
子会社株式	45,000		

〔B社〕　(単位：千円)

借方科目	金額	貸方科目	金額
諸資産	134,000	諸負債	89,000
		資本金	22,500
		資本剰余金	22,500

問2　B社がA社の関連会社となる場合、会社分割時におけるA社及びB社の仕訳

〔A社〕　(単位：千円)

借方科目	金額	貸方科目	金額
諸負債	89,000	諸資産	134,000
関連会社株式	45,000		

〔B社〕　(単位：千円)

借方科目	金額	貸方科目	金額
諸資産	140,000	諸負債	89,000
のれん	5,000	資本金	28,000
		資本剰余金	28,000

問3　B社がA社の子会社又は関連会社以外となる場合、会社分割時におけるA社及びB社の仕訳

〔A社〕　(単位：千円)

借方科目	金額	貸方科目	金額
諸負債	89,000	諸資産	134,000
投資有価証券	56,000	移転損益	11,000

〔B社〕　(単位：千円)

借方科目	金額	貸方科目	金額
諸資産	140,000	諸負債	89,000
のれん	5,000	資本金	28,000
		資本剰余金	28,000

問1

A社：投資の継続とみなされるので、移転事業に係る株主資本相当額を子会社株式の金額とし、移転損益を認識しない。

B社：逆取得となるため、移転する諸資産及び諸負債は帳簿価額で計上される。

※　資本金・資本剰余金：{134,000（諸資産）－89,000（諸負債）}×１／２＝22,500

問2

A社：投資の継続とみなされるので、移転事業に係る株主資本相当額を関連会社株式の金額とし、移転損益を認識しない。

B社：取得と判定されるため、パーチェス法によって処理する。

※１　のれん：56,000（取得原価※2）－{140,000（識別可能資産）－89,000（識別可能負債）}＝5,000

※２　取得原価：400株×@140＝56,000

※３　資本金：400株×@140×１／２＝28,000

※４　資本剰余金：56,000（取得原価※2）－28,000（資本金※3）＝28,000

問3

A社：投資の清算に該当するため、受取対価は時価で計上する。

※　投資有価証券：400株×@140＝56,000

B社：取得と判定されるため、パーチェス法によって処理する。

39-3 連結上の処理・対価現金

重要度B　/ □　/ □　/ □

次の資料に基づき、解答欄に示した事業分離直後のP社の連結貸借対照表を作成しなさい。

1．P社は×3年3月31日に、甲事業をS社に対して移転した。

2．P社及びS社の事業分離直前の貸借対照表

貸 借 対 照 表

×3年3月31日現在　（単位：千円）

勘定科目	P社	S社	勘定科目	P社	S社
現金預金	59,000	58,000	諸負債	63,000	55,000
諸資産	85,500	89,800	資本金	75,000	50,000
S社株式	62,000	―	利益剰余金	68,500	42,800
	206,500	147,800		206,500	147,800

3．その他の参考事項

(1)　P社は×2年3月31日に、S社株式の70%を62,000千円で取得し、子会社として支配している。×2年3月31日におけるS社の純資産は、資本金50,000千円、利益剰余金33,000千円であった。×2年3月31日における諸資産の簿価と時価に差額が2,000千円（評価益）生じていた。

(2)　×3年3月31日における甲事業の適正な帳簿価額は諸資産17,500千円、諸負債14,000千円（株主資本相当額3,500千円）であり、甲事業の諸資産の時価は20,600千円、甲事業の時価は6,400千円であった。

(3)　事業分離の対価としてP社はS社から現金6,400千円を受け入れている。

(4)　のれんは発生年度の翌期から5年間にわたり定額法により償却する。

(5)　税効果会計は考慮しない。

(6)　剰余金の配当は行われていない。

■解答欄

連結貸借対照表

×3年3月31日現在　（単位：千円）

現金預金	(　　　)	諸負債	(　　　)
諸資産	(　　　)	資本金	(　　　)
のれん	(　　　)	利益剰余金	(　　　)
		非支配株主持分	(　　　)
	(　　　)		(　　　)

解答・解説 連結上の処理・対価現金

連結貸借対照表

P社	×3年3月31日現在		(単位：千円)
現金預金	117,000	諸負債	118,000
諸資産	177,300	資本金	75,000
のれん	2,000	利益剰余金	74,860
		非支配株主持分	28,440
	296,300		296,300

1．個別上の処理（単位：千円）

⑴ P社（分離元企業）

共通支配下の取引に該当するため、受け取った現金等の財産は適正な帳簿価額により計上する。また、当該価額と移転した事業に係る株主資本相当額との差額は、移転損益として認識する。

(借)		(貸)	
諸負債	14,000	諸資産	17,500
現金預金	6,400	移転損益（利益剰余金）	2,900

⑵ S社（分離先企業）

共通支配下の取引に該当するため、移転された諸資産及び諸負債は事業分離前の適正な帳簿価額により計上する。また、対価として支払った現金等の額と移転された事業に係る株主資本相当額との差額をのれんとして計上する。

(借)		(貸)	
諸資産	17,500	諸負債	14,000
のれん	2,900	現金預金	6,400

⑶ 事業分離直後のP社及びS社の個別貸借対照表

貸借対照表

×3年3月31日現在

勘定科目	P社	S社	勘定科目	P社	S社
現金預金	65,400	51,600	諸負債	49,000	69,000
諸資産	68,000	107,300	資本金	75,000	50,000
のれん	—	2,900	利益剰余金	71,400	42,800
S社株式	62,000	—			
	195,400	161,800		195,400	161,800

※ P社利益剰余金：68,500（事業分離前）＋2,900（移転損益）＝71,400

2．連結上の処理

(1) タイム・テーブル

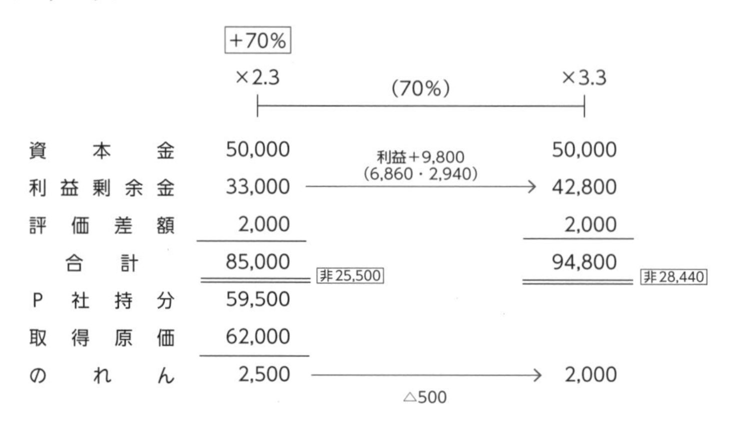

(2) 評価差額の計上

(借) 諸資産	2,000	(貸) 評価差額	2,000

(3) 連結修正仕訳

① 投資と資本の相殺消去

(借)		(貸)	
資本金	50,000	S社株式	62,000
利益剰余金	33,000	非支配株主持分	25,500※1
評価差額	2,000		
のれん	2,500※2		

※1　非支配株主持分：85,000（X2.3資本合計）×30%（非持比率）＝25,500

※2　のれん：62,000（取得原価）－85,000（X2.3資本合計）×70%（P社比率）＝2,500

② 利益の按分

(借) 非支配株主に帰属する当期純損益（利益剰余金）	2,940	(貸) 非支配株主持分	2,940

※　9,800（S社利益）×30%（非持比率）＝2,940

③ のれんの償却

(借) のれん償却額（利益剰余金）	500	(貸) のれん	500

※　2,500（のれん計上額）÷5年（償却年数）＝500

④ 事業分離に伴う移転損益の修正

(借) 移転損益（利益剰余金）	2,900	(貸) のれん	2,900

※　個別財務諸表上で認識した移転損益は、連結上は未実現損益と捉えられるため、のれんと相殺消去する。

(4) 連結貸借対照表

連結貸借対照表

P社　　　　　　　　　　　　　×3年３月31日現在

現金預金	117,000※1	諸負債	118,000※1
諸資産	177,300※2	資本金	75,000※3
のれん	2,000	利益剰余金	74,860※4
		非支配株主持分	28,440※5
	296,300		296,300

※1　P社及びＳ社計上額の合計

※2　68,000（P社）＋107,300（Ｓ社）＋2,000（評価差額）＝177,300

※3　P社計上額

※4　71,400（P社）＋6,860（取得後剰余金）－500（のれん償却額）－2,900（移転損益）＝74,860

※5　94,800（X3.3資本合計）×30％（非持比率）＝28,440

39-4 対価株式・新規子会社

重要度B　／□　／□　／□

次の資料に基づき、解答欄に示した事業分離直後のＰ社の連結貸借対照表を作成しなさい。

1．Ｐ社は×３年３月31日に、甲事業をＳ社に対して移転した。

2．Ｐ社及びＳ社の事業分離直前の貸借対照表

貸　借　対　照　表

×3年３月31日現在　　　　(単位：千円)

勘定科目	Ｐ　社	Ｓ　社	勘定科目	Ｐ　社	Ｓ　社
諸　資　産	785,000	272,000	諸　負　債	450,000	145,000
			資　本　金	140,000	50,000
			利益剰余金	195,000	77,000
	785,000	272,000		785,000	272,000

3．その他の参考事項

(1)　Ｐ社とＳ社は、会社分割までには資本関係を有していない。なお、Ｓ社の会社分割以前の発行済株式総数は200株であり、Ｓ社の事業分離直前の時価は144,000千円である。

(2)　事業分離に伴い、Ｐ社はＳ社株式300株（@720千円）を受け入れ、Ｓ社株式の60％を保有し、子会社として支配することになった。なお、Ｓ社では払込資本を全額資本金とする。

(3)　×３年３月31日における甲事業の適正な帳簿価額は諸資産339,000千円、諸負債145,000千円（株主資本相当額194,000千円）であり、甲事業の諸資産の時価は352,500千円である。なお、甲事業の時価は216,000千円であった。

(4)　×３年３月31日のＳ社の事業分離直前における諸資産の時価は278,000千円である。

(5)　税効果会計は考慮しない。

■解答欄

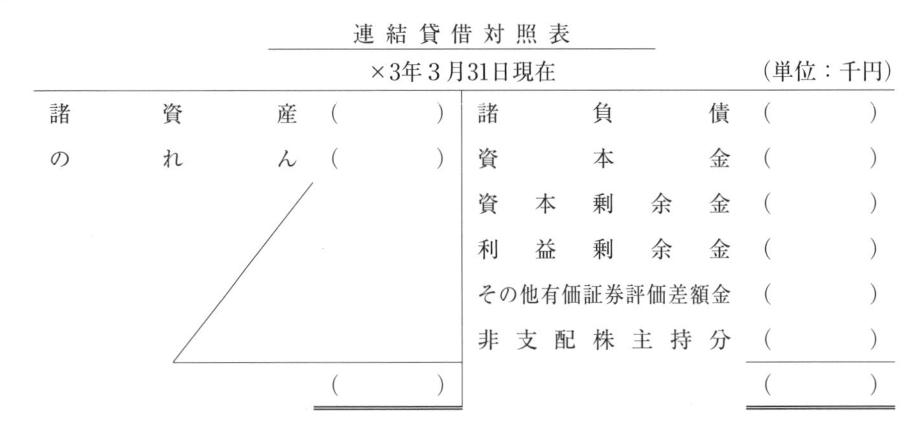

連結貸借対照表

×3年３月31日現在　　　　(単位：千円)

諸　資　産	(　　　)	諸　負　債	(　　　)
の　れ　ん	(　　　)	資　本　金	(　　　)
		資本剰余金	(　　　)
		利益剰余金	(　　　)
		その他有価証券評価差額金	(　　　)
		非支配株主持分	(　　　)
	(　　　)		(　　　)

解答・解説 対価株式・新規子会社

連結貸借対照表

×3年3月31日現在　　（単位：千円）

借方	金額	貸方	金額
諸資産	1,063,000	諸負債	595,000
のれん	6,600	資本金	140,000
		資本剰余金	8,800
		利益剰余金	195,000
		非支配株主持分	130,800
	1,069,600		1,069,600

1．個別上の処理（単位：千円）

(1) P社（分離元企業）

投資の継続に該当するため、受け取った株式の金額は、移転した事業に係る株主資本相当額に基づいて計上し、移転損益は認識されない。

（借）	諸負債	145,000	（貸）	諸資産	339,000
	S社株式	194,000			

(2) S社（分離先企業）

逆取得に該当するため、移転された諸資産及び諸負債は事業分離前の適正な帳簿価額により計上する。また、対価として交付した株式の金額は移転された事業に係る株主資本相当額に基づいて計上する。

（借）	諸資産	339,000	（貸）	諸負債	145,000
				資本金	194,000

(3) 事業分離直後のP社及びS社の個別貸借対照表

貸借対照表

×3年3月31日現在

勘定科目	P社	S社	勘定科目	P社	S社
諸資産	446,000	611,000	諸負債	305,000	290,000
S社株式	194,000	—	資本金	140,000	244,000
			利益剰余金	195,000	77,000
	640,000	611,000		640,000	611,000

2．連結上の処理

(1)　タイム・テーブル等

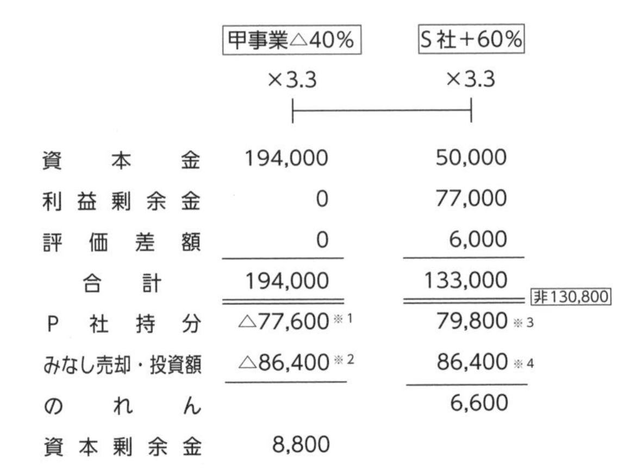

	甲事業△40% ×3.3	S社＋60% ×3.3
資本金	194,000	50,000
利益剰余金	0	77,000
評価差額	0	6,000
合計	194,000	133,000 非130,800
P社持分	△77,600 ※1	79,800 ※3
みなし売却・投資額	△86,400 ※2	86,400 ※4
のれん		6,600
資本剰余金	8,800	

※1　売却持分：194,000（甲事業株主資本相当額）×40%（売却割合）＝77,600

※2　移転したとみなされる額：216,000（甲事業時価）×40%（売却割合）＝86,400

※3　取得持分：133,000（分離前S社資本合計）×60%（取得割合）＝79,800

※4　投資したとみなされる額：144,000（S社時価）×60%（取得割合）＝86,400

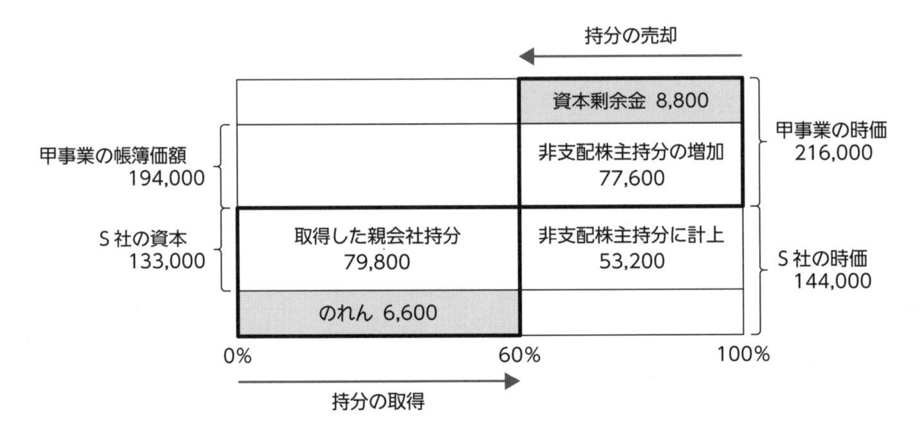

(2)　評価差額の計上

(借) 諸　資　産	6,000	(貸) 評　価　差　額	6,000

※　278,000（S社諸資産時価）－272,000（S社諸資産簿価）＝6,000

(3) 連結修正仕訳

① 分離先企業の原始取得（０％ → 60％）

Ｓ社に投資したとみなされる額とＳ社に対する持分増加額（取得持分）との差額をのれんとして処理する。

（借）		（貸）	
資本金	50,000	Ｓ社株式	86,400
利益剰余金	77,000	非支配株主持分	53,200※4
評価差額	6,000		
のれん	6,600※1		

※１ のれん：86,400（投資したとみなされる額※２）－79,800（取得持分※３）＝6,600

※２ 投資したとみなされる額：144,000（Ｓ社時価）×60％（取得割合）＝86,400

※３ 取得持分：133,000（分離前Ｓ社資本合計）×60％（取得割合）＝79,800

※４ 非支配株主持分：133,000（分離前Ｓ社資本合計）×40％（非持比率）＝53,200

② 分離した事業の一部売却（100％ → 60％）

甲事業を移転したとみなされる額と甲事業に対する持分減少額（売却持分）との差額を資本剰余金として処理する。

（借）		（貸）	
資本金	194,000※1	Ｓ社株式	107,600※2
		非支配株主持分	77,600※3
		資本剰余金	8,800※4

※１ 資本金：移転した事業に係る増加資本

※２ 子会社株式：194,000（個別上の取得原価）－86,400（投資したとみなされる額）＝107,600

※３ 非支配株主持分（売却持分）：194,000（甲事業株主資本相当額）×40％（売却割合）＝77,600

※４ 資本剰余金：86,400（移転したとみなされる額※５）－77,600（売却持分※３）＝8,800

※５ 移転したとみなされる額：216,000（甲事業時価）×40％（売却割合）＝86,400

(4) 連結貸借対照表

連結貸借対照表

×3年３月31日現在

諸資産	1,063,000※1	諸負債	595,000
のれん	6,600	資本金	140,000
		資本剰余金	8,800
		利益剰余金	195,000
		非支配株主持分	130,800※2
	1,069,600		1,069,600

※１ 446,000（Ｐ社）＋611,000（Ｓ社）＋6,000（評価差額）＝1,063,000

※２ 327,000（分離後Ｓ社資本合計）×40％＝130,800

39-5 共同支配企業の形成（新設分割） 重要度A ／□ ／□ ／□

次の資料に基づき、解答欄に示した各金額を答えなさい。

〔資料〕

1．A社とB社は、×7年4月1日に共同新設分割により事業を統合することとし、それぞれ統合の対象となる事業を分割してC社を設立した。

2．各社の会計期間は4月1日から3月31日である。

3．C社に移転した事業に係る資産及び負債の移転直前の帳簿価額等は以下のとおりである。

（単位：千円）

	諸資産簿価 （諸資産時価）	諸負債簿価	事業の時価
A社が移転するX事業	100,000 （110,000）	50,000	82,500
B社が移転するY事業	62,500 （70,000）	25,000	55,000

※ 諸負債の時価と簿価に乖離はない。

4．参考資料

(1) 新設分割に際して、C社はA社に対して1,800株、B社に対して1,200株の株式を発行している。

(2) C社は、A社とB社が共同支配する契約であり、当該新設分割は共同支配企業の形成と判断された。

(3) C社は、増加資本の全額を資本金として処理する。

(4) のれんは発生年度から20年間にわたり定額法により償却する。

(5) C社の×8年3月期の当期純利益は10,000千円であった。

(6) 税効果会計は便宜上無視すること。

■解答欄

×8年3月期のC社の個別貸借対照表に計上される資本金	千円
×8年3月期のA社の個別貸借対照表に計上されるC社株式	千円
×8年3月期のA社の連結貸借対照表に計上されるC社株式	千円

解答・解説　共同支配企業の形成（新設分割）

×８年３月期のＣ社の個別貸借対照表に計上される資本金	87,500千円
×８年３月期のＡ社の個別貸借対照表に計上されるＣ社株式	50,000千円
×８年３月期のＡ社の連結貸借対照表に計上されるＣ社株式	68,700千円

１．個別上の処理（単位：千円）

(1)　Ｃ社

(借)	Ｘ事業諸資産	100,000※1	(貸)	Ｘ事業諸負債	50,000※1
				資本金	50,000※2
(借)	Ｙ事業諸資産	62,500※1	(貸)	Ｙ事業諸負債	25,000※1
				資本金	37,500※2

※１　諸資産及び諸負債：Ａ社及びＢ社の適正な帳簿価額
※２　資本金：移転事業に係る株主資本

(2)　Ａ社

(借)	Ｃ社株式	50,000※	(貸)	Ｘ事業諸資産	100,000
	Ｘ事業諸負債	50,000			

※　Ｃ社株式：移転した事業の株主資本相当額

(3)　Ｂ社

(借)	Ｃ社株式	37,500※	(貸)	Ｙ事業諸資産	62,500
	Ｙ事業諸負債	25,000			

※　Ｃ社株式：移転した事業の株主資本相当額

(4)　解答の金額

×８年３月期のＣ社の個別貸借対照表に計上される資本金：50,000＋37,500＝87,500
×８年３月期のＡ社の個別貸借対照表に計上されるＣ社株式：50,000

2．連結上の処理：A社

(1) タイム・テーブル等

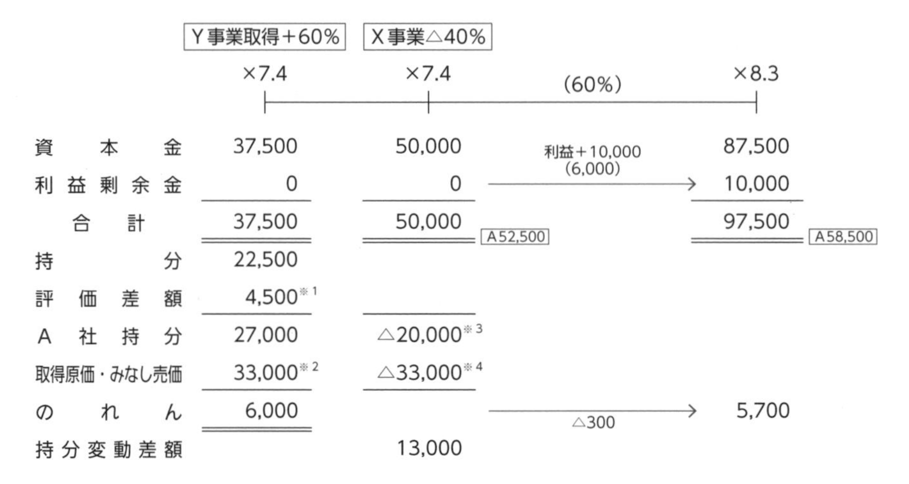

※1　評価差額：{70,000（Y事業諸資産時価）－62,500（Y事業諸資産簿価）}×60％（取得割合）＝4,500

※2　投資したとみなされる額：55,000（Y事業時価）×60％（取得割合）＝33,000

※3　売却持分：50,000（X事業株主資本相当額）×40％（売却割合）＝20,000

※4　移転したとみなされる額：82,500（X事業時価）×40％（売却割合）＝33,000

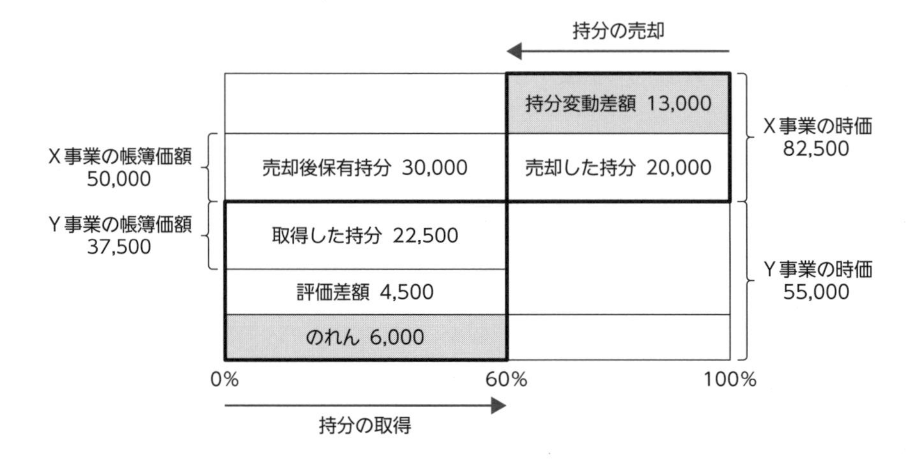

(2) 持分法適用仕訳

① Y事業の60%取得に係るのれんの算定

〔55,000（Y事業時価）－{70,000（諸資産の時価）－25,000（諸負債の時価）}〕×60%（取得割合）

＝6,000

② X事業の40%売却に係る持分変動差額の認識

(借)	C　社　株　式	13,000	(貸)	持分変動差額(利益剰余金)	13,000

※ {82,500（X事業時価）－50,000（X事業の株主資本相当額）}×40%（売却割合）＝13,000

③ 利益の計上

(借)	C　社　株　式	6,000	(貸)	持分法による投資損益（利益剰余金）	6,000

※ 10,000（C社利益）×60%（A社比率）＝6,000

④ のれんの償却

(借)	持分法による投資損益（利益剰余金）	300	(貸)	C　社　株　式	300

※ 6,000（のれん計上額）÷20年（償却年数）＝300

(3) 解答の金額（×8年3月期のA社の連結貸借対照表に計上されるC社株式）

下記のいずれかの計算式による。

50,000（取得原価）＋13,000（持分変動益）＋6,000（利益の計上）－300（のれん償却額）＝68,700

58,500（X8.3A社持分）＋4,500（評価差額）＋5,700（のれん未償却残高）＝68,700

55,000（Y事業時価）×60%（取得割合）＋50,000（X事業株主資本相当額）

×60%（売却後保有割合）＋6,000（利益の計上）－300（のれん償却額）＝68,700

39-6 理論問題①

重要度 B　　／□　／□　／□

次の文章は「事業分離等に関する会計基準」において、分離元企業の会計処理について述べたものである。次の各文章の（　　）の中に入る適切な語句を記入しなさい。

(1) 移転した事業に関する投資が（　1　）されたとみる場合には、その事業を分離先企業に移転したことにより受け取った対価となる財の時価と、移転した事業に係る株主資本相当額との差額を（　2　）として認識する。

(2) 移転した事業に関する投資が（　3　）しているとみる場合、（　2　）を認識せず、その事業を分離先企業に移転したことにより受け取る資産の取得原価は、移転した事業に係る株主資本相当額に基づいて算定するものとする。

■解答欄

1		2		3	

解答・解説 理論問題①

1	清算	2	移転損益	3	継続

⑴ 移転した事業に関する投資が⑴清算されたとみる場合には、その事業を分離先企業に移転したことにより受け取った対価となる財の時価と、移転した事業に係る株主資本相当額との差額を⑵移転損益として認識する。

⑵ 移転した事業に関する投資が⑶継続しているとみる場合、⑵移転損益を認識せず、その事業を分離先企業に移転したことにより受け取る資産の取得原価は、移転した事業に係る株主資本相当額に基づいて算定するものとする。

39-7 理論問題②

重要度 B　／ □　／ □　／ □

次の文章について、正しいと思うものには○印を、正しくないと思うものには×印を解答欄に記入しなさい。

(1) 受取対価が現金のみである場合の事業分離において、分離先企業が子会社に該当する場合、共通支配下の取引となるため、移転損益を認識しない。

(2) 受取対価が分離先企業の株式のみである場合の事業分離において、当該株式が子会社株式及び関連会社株式に該当しない場合、投資は継続しているとみなせる。よって、分離元企業の個別財務諸表上、移転損益を認識しない。

■解答欄

1		2	

解答・解説 理論問題②

1	×	2	×

(1) 誤り

共通支配下の取引に該当するため、受取対価である現金等の財産は適正な帳簿価額によって計上される。共通支配下の取引ではあるが、現金等の財産の適正な帳簿価額と移転した事業に係る株主資本相当額との差額は、「移転損益」として計上されてしまう。

(2) 誤り

分離先企業が子会社や関連会社以外となる場合、移転した事業に係る投資は清算したと考えられるため、分離元企業の個別財務諸表上、移転損益が認識される。

第40章

1株当たり情報

問題	ページ	出題論点
40-1	220	1株当たり当期純利益

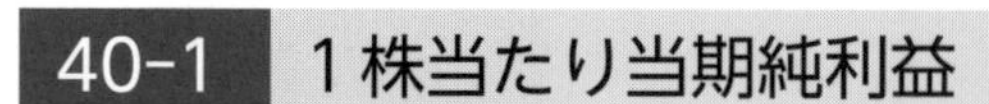

40-1 1株当たり当期純利益

重要度B　／□　／□　／□

以下の資料に基づき、各問に答えなさい。株数の算定は小数点第1位を四捨五入し、株数の算定以外については計算の最終結果において、円未満小数点以下第3位を四捨五入すること。なお、各問は独立している。

1．当期の税引後当期純利益は、200,000千円である。
2．当社の期首発行済株式総数（すべて普通株式）は、300,000株である。
3．法定実効税率は40％である。
4．当期は×7年4月1日～×8年3月31日の1年間である。

問1　上記資料に基づき、1株当たり当期純利益を算定しなさい。

問2　仮に、×8年1月1日（払込期日）に100,000株の増資を行った場合の1株当たり当期純利益を算定しなさい。

問3　仮に、×7年7月1日に自己株式を50,000株取得した場合の1株当たり当期純利益を算定しなさい。

問4　仮に、前期に以下の転換社債型新株予約権付社債（一括法）を発行した場合の①1株当たり当期純利益及び②潜在株式調整後1株当たり当期純利益を算定しなさい。なお、当期の社債利息は、18,000千円である。

① 額面金額900,000千円（平価発行）：150,000株
② 行使価格6,000円

■解答欄

問1

円	銭

問2

円	銭

問3

円	銭

問4

	円	銭
①	円	銭
②	円	銭

解答・解説　1株当たり当期純利益

問1	666円 67銭
問2	616円 03銭
問3	762円 00銭
問4	①　666円 67銭
	②　468円 44銭

問1

200,000（税引後当期純利益）÷300,000株（期首発行済株式総数）≒666.67円

問2

1．普通株式の期中平均株式数

300,000株（期首発行済株式総数）＋100,000株（新株発行数）×90日（X8.1.1 ～ X8.3.31）／365日

≒324,658株

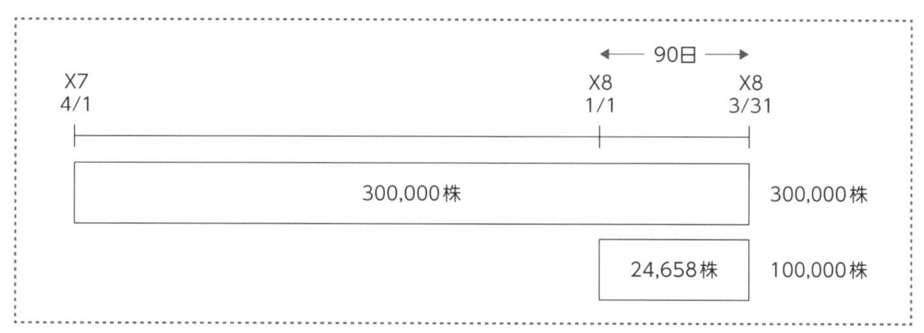

2．1株当たり当期純利益

200,000（税引後当期純利益）÷324,658株（期中平均株式数）≒616.03円

問3

1．普通株式の期中平均株式数

300,000株（期首発行済株式総数）－50,000株（自己株式数）×274日（X7.7.1～X8.3.31）／365日

≒262,466株

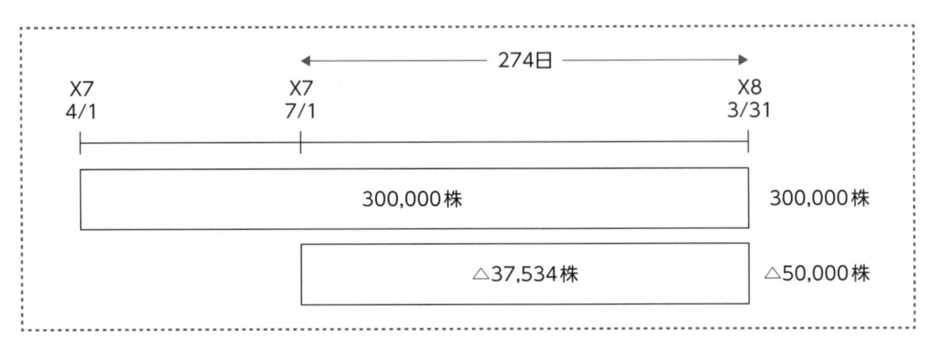

2．1株当たり当期純利益

200,000（税引後当期純利益）÷262,466株（期中平均株式数）＝762.00円

問4

1．1株当たり当期純利益

200,000（当期純利益）÷300,000株（期首発行済株式数）≒666.67円

2．潜在株式調整後1株当たり当期純利益

$$\frac{200{,}000（当期純利益）+10{,}800（当期純利益調整額^{※}）}{300{,}000株（普通株式の期中平均株式数）+150{,}000株（普通株式増加数）} ≒ 468.44円$$

※　当期純利益調整額：18,000（社債利息）×｛1－40％（税率）｝＝10,800

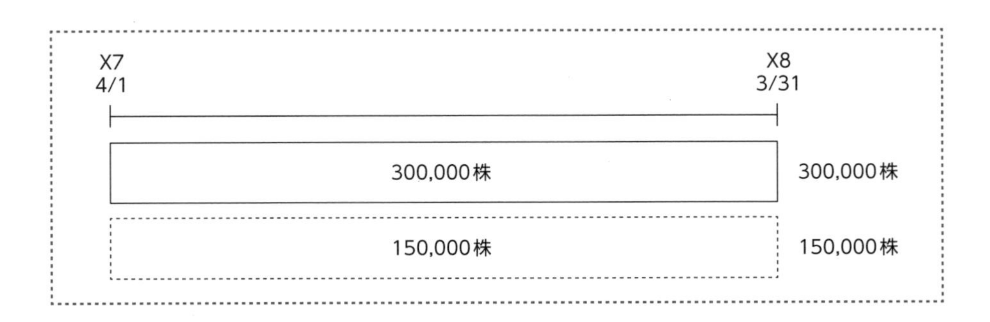

第41章

分配可能額

問題	ページ	出題論点
41-1	224	分配可能額の算定①
41-2	226	分配可能額の算定②（のれん等調整額）

41-1 分配可能額の算定①

重要度B　／□　／□　／□

以下の資料に基づき、×１年11月５日時点の分配可能額を答えなさい。なお、会計期間は４月１日から３月31日までの一年間である。

１．×１年３月31日における貸借対照表は次のとおりである。

貸借対照表

×1年３月31日　　（単位：千円）

借方	金額	貸方	金額
諸資産	80,000	諸負債	48,000
		資本金	20,000
		資本準備金	3,000
		その他資本剰余金	2,000
		利益準備金	1,000
		繰越利益剰余金	5,000
		別途積立金	2,000
		自己株式	△1,000
		その他有価証券評価差額金	△600
		繰延ヘッジ損益	600
	80,000		80,000

２．貸借対照表の諸資産には、のれんや繰延資産は含まれていない。

３．×１年６月25日の定時株主総会において、以下の剰余金の配当及び処分が決議された。

(1) 配当金（その他資本剰余金を財源）　1,000千円

(2) 資本準備金の積立　100千円

(3) 別途積立金の取崩　300千円

４．×１年４月１日から×１年11月５日までの自己株式に関する取引は以下のとおりである。

(1) 自己株式400千円を取得している。

(2) 自己株式（帳簿価額600千円）を800千円で処分している。

(3) 自己株式（帳簿価額300千円）を消却した。

■解答欄

千円

解答・解説 分配可能額の算定①

5,900　千円

1．×1年6月25日の定時株主総会における剰余金の処分及び配当に関する仕訳（単位：千円）

(1) 配当金の支払

(借) その他資本剰余金	1,000	(貸) 未払配当金	1,000

(2) 資本準備金の積立

(借) その他資本剰余金	100	(貸) 資本準備金	100

(3) 別途積立金の取崩

(借) 別途積立金	300	(貸) 繰越利益剰余金	300

2．×1年4月1日～×1年11月5日までの自己株式に関する仕訳

(1) 自己株式の取得

(借) 自己株式	400	(貸) 現金預金	400

(2) 自己株式の処分

(借) 現金預金	800	(貸) 自己株式	600
		その他資本剰余金	200

(3) 自己株式の消却

(借) その他資本剰余金	300	(貸) 自己株式	300

3．分配時の剰余金及び自己株式の残高

×1年11月5日

	その他資本剰余金	800
	繰越利益剰余金	5,300
	別途積立金	1,700
	自己株式	△500

4．分配可能額の算定

800（その他資本剰余金）＋5,300（繰越利益剰余金）＋1,700（別途積立金）
－500（自己株式）－800（自己株式処分の対価※1）－600（前期末その他有価証券評価差額金※2）＝5,900

※1　自己株式の処分が行われた場合、剰余金の増減額と自己株式の帳簿価額の減少分の合計額（自己株式の処分の対価）について、分配可能額が増加するが、会社法上、自己株式の処分による分配可能額の増加は決算を行うまで認められないため、自己株式処分の対価を減額する。

※2　その他有価証券評価差額金が借方残高の場合には剰余金から減額する。また、減額の際は前期末の貸借対照表計上額を用いる。

※3　繰延ヘッジ損益は分配可能額の算定上、考慮しない。

41-2 分配可能額の算定②（のれん等調整額）

重要度B　／□　／□　／□

以下の資料に基づき、各問における×３年６月25日の分配可能額を答えなさい。なお、会計期間は４月１日から３月31日までの一年間である。

１．前期末の貸借対照表は、以下のとおりである。

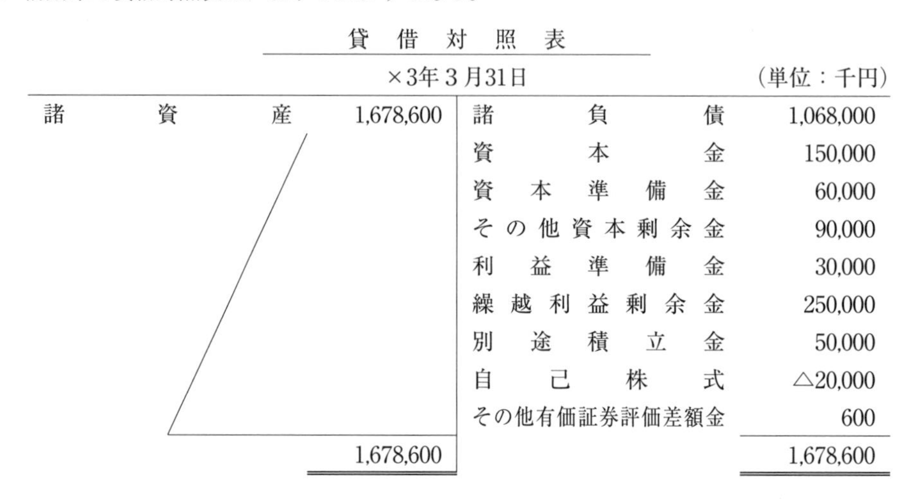

貸　借　対　照　表

×3年３月31日　（単位：千円）

借方	金額	貸方	金額
諸資産	1,678,600	諸負債	1,068,000
		資本金	150,000
		資本準備金	60,000
		その他資本剰余金	90,000
		利益準備金	30,000
		繰越利益剰余金	250,000
		別途積立金	50,000
		自己株式	△20,000
		その他有価証券評価差額金	600
	1,678,600		1,678,600

２．問題文から判明しない事項については考慮しない。

問１　諸資産にのれん90,000千円、繰延資産60,000千円が含まれている場合

問２　諸資産にのれん360,000千円、繰延資産90,000千円が含まれている場合

問３　諸資産にのれん360,000千円、繰延資産165,000千円が含まれている場合

問４　諸資産にのれん750,000千円、繰延資産90,000千円が含まれている場合

■解答欄

問１　千円

問２　千円

問３　千円

問４　千円

解答・解説　分配可能額の算定②（のれん等調整額）

問1　370,000　千円

問2　340,000　千円

問3　265,000　千円

問4　190,000　千円

問1

1．のれん等調整額の減算額

(1)　のれん等調整額

90,000（のれん）÷２＋60,000（繰延資産）＝105,000

(2)　資本等金額

150,000（資本金）＋60,000（資本準備金）＋30,000（利益準備金）＝240,000

(3)　のれん等調整額の減算額

105,000（のれん等調整額）≦240,000（資本等金額）・・・財源規制なし

∴　のれん等調整額の減算額は０となる。

2．分配可能額

90,000（その他資本剰余金）＋250,000（繰越利益剰余金）＋50,000（別途積立金）

－20,000（自己株式）－０（のれん等調整額の減算額）＝370,000

※　その他有価証券評価差額金は貸方残高であるため、解答の算定に当たって考慮しない。

第41章　分配可能額

問2

1．のれん等調整額の減算額

⑴ のれん等調整額

360,000（のれん）÷２＋90,000（繰延資産）＝270,000

⑵ 資本等金額

150,000（資本金）＋60,000（資本準備金）＋30,000（利益準備金）＝240,000

⑶ のれん等調整額の減算額

270,000（のれん等調整額）＞240,000（資本等金額）・・・財源規制あり

① 270,000（のれん等調整額）－240,000（資本等金額）＝30,000

② 90,000（その他資本剰余金）＋90,000（繰延資産）＝180,000

①＜②

∴ のれん等調整額の減算額は30,000となる。

2．分配可能額

90,000（その他資本剰余金）＋250,000（繰越利益剰余金）＋50,000（別途積立金）
－20,000（自己株式）－30,000（のれん等調整額の減算額）＝340,000

問3

1．のれん等調整額の減算額

⑴ のれん等調整額

360,000（のれん）÷２＋165,000（繰延資産）＝345,000

⑵ 資本等金額

150,000（資本金）＋60,000（資本準備金）＋30,000（利益準備金）＝240,000

⑶ のれん等調整額の減算額

345,000（のれん等調整額）＞240,000（資本等金額）・・・財源規制あり

① 345,000（のれん等調整額）－240,000（資本等金額）＝105,000

② 90,000（その他資本剰余金）＋165,000（繰延資産）＝255,000

①＜②

∴ のれん等調整額の減算額は105,000となる。

2．分配可能額

90,000（その他資本剰余金）＋250,000（繰越利益剰余金）＋50,000（別途積立金）
－20,000（自己株式）－105,000（のれん等調整額の減算額）＝265,000

問4

1．のれん等調整額の減算額

(1) のれん等調整額

750,000（のれん）÷２＋90,000（繰延資産）＝465,000

(2) 資本等金額

150,000（資本金）＋60,000（資本準備金）＋30,000（利益準備金）＝240,000

(3) のれん等調整額の減算額

465,000（のれん等調整額）＞240,000（資本等金額）・・・財源規制あり

① 465,000（のれん等調整額）－240,000（資本等金額）＝225,000

② 90,000（その他資本剰余金）＋90,000（繰延資産）＝180,000

①＞②

∴ のれん等調整額の減算額は180,000となる。

2．分配可能額

90,000（その他資本剰余金）＋250,000（繰越利益剰余金）＋50,000（別途積立金）
－20,000（自己株式）－180,000（のれん等調整額の減算額）＝190,000

〈編著者紹介〉
CPA会計学院
公認会計士試験資格スクールとして、圧倒的な合格実績を誇る。
創設は昭和43年。わが国で初めて全日制による公認会計士受験指導を始めたスクールとして誕生した。本質が理解できる講義・教材により、全国の学生・社会人から支持を得ている。
創設以来、全国展開をせず、受講生一人ひとりを手厚くするフォローする戦略により、合格者の過半数以上を輩出。
2023年公認会計士試験では全体合格者1,544名の内、786名の合格者の輩出、総合合格１位合格者の輩出など圧倒的な実績を残している。
「CPAラーニング」を通じて、簿記・会計教育の浸透に取り組んでいる。

いちばんわかる日商簿記１級
商業簿記・会計学の問題集　第Ⅱ部

2023年５月18日　初版第１刷発行
2024年７月25日　　　第２刷発行

編著者　CPA会計学院
発行者　CPA出版
住所：〒160-0022　東京都新宿区新宿3-14-20 新宿テアトルビル5F
アドレス：cpa-learning@cpa-net.jp
URL：https://www.cpa-learning.com/

発売　サンクチュアリ出版
〒113-0023　東京都文京区向丘2-14-9
電話：03-5834-2507　FAX：03-5834-2508

印刷・製本　シナノ書籍印刷株式会社

ISBN978-4-8014-9389-6

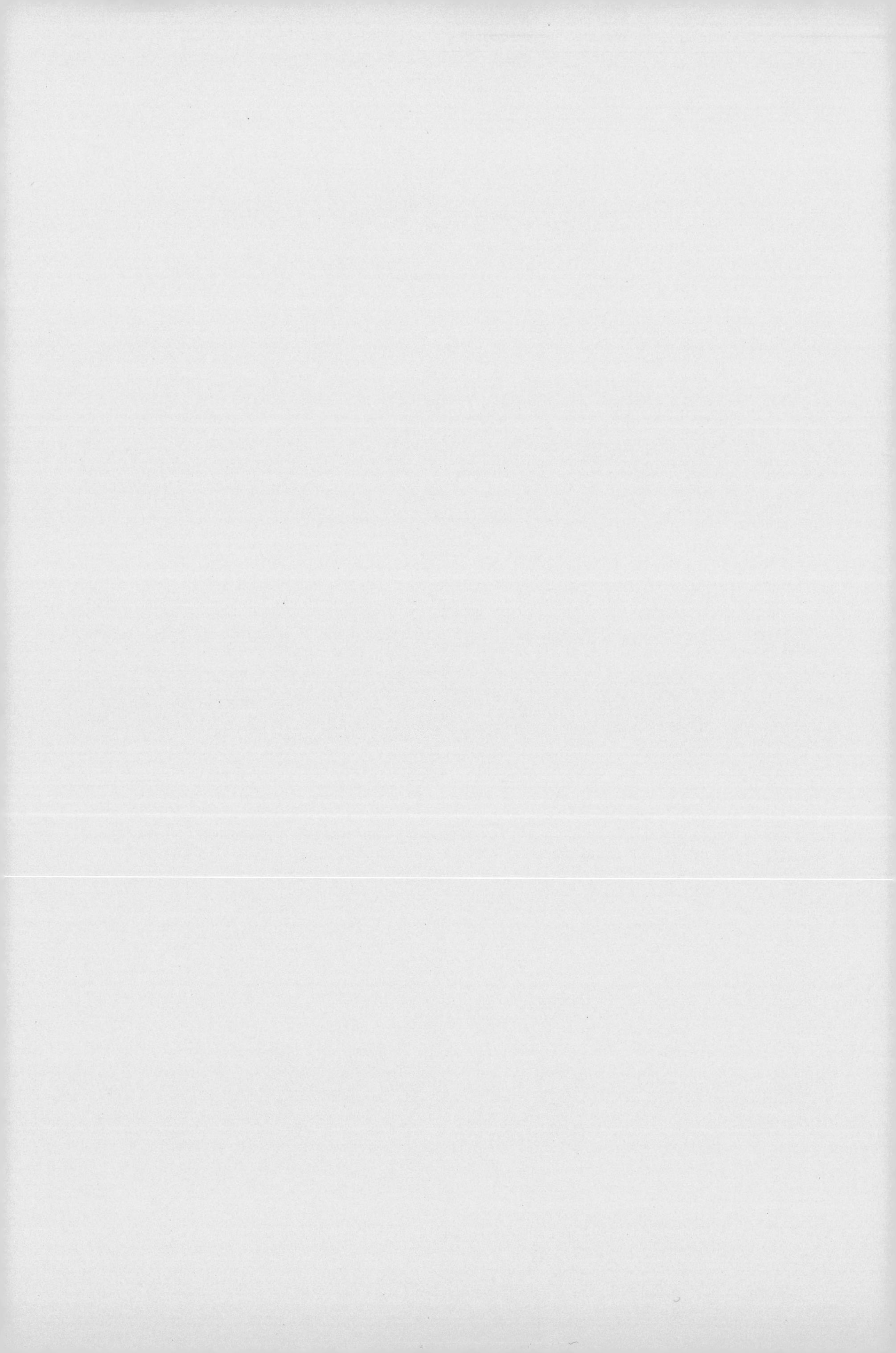